104.6 RTL
Berlins Hit-Radio

**die Du in Berlin und Brandenburg
getan haben musst, bevor Du stirbst!**

W0077930

BRUCKMANN

Inhalt

Vorwort

*H*aben Sie sich mal die Frage gestellt, was Sie in diesem Leben noch sehen, hören, schmecken, riechen und fühlen wollen? Ich hab mir diese Frage vor ein paar Jahren gestellt und wusste eins: Ich will nach Berlin!

Diese Stadt, mit Brandenburg drum herum, ist so reich an Ereignissen und Dingen, die man erlebt haben muss, dass mir ein Taxifahrer freundlich versicherte, dass ich es nicht schaffen würde, alle Kneipen, Restaurants und Imbissbuden bis ans Ende meiner Tage kennenzulernen. 1997 kam ich zum ersten Mal für eine längere Zeit nach Berlin und ließ mir von Freunden eines von 365 Dingen zeigen, die ich unbedingt erlebt haben müsste, bevor ich sterbe: Eine sehr coole Neuköllner Kneipe. Es war Sommer, mitten in der Nacht. Wir saßen draußen auf Holzbänken. Neben mir ein Typ, von oben bis unten tätowiert, schon ziemlich beschwipst, aber guter Dinge. Der guckte mich die ganze Zeit von oben bis unten an. Ich machte mir nix draus. Nach etwa einer Stunde traute er sich mich anzusprechen: »Sach ma, dich kenn ich doch von irgendwoher … wirste gesucht???« Das Fahndungsplakat vor meinem geistigen Auge und etwa 20 Leute aus der Medienbranche um mich herum, die keine Luft mehr bekamen vor Lachen. Das ist Berlin. Und das ist der Platz, an dem großartige kleine und große Ideen entstehen. Plätze, Ereignisse und Momente, die Sie erlebt haben sollten!

Ein vergnügtes Leben noch
Ihr

Thomas Koschwitz

1 Neujahrslauf

Beim traditionellen Berliner Neujahrslauf starten alljährlich Tausende Läufer, um ihre sportlichen Ambitionen auch schon am ersten Tag im Jahr umzusetzen. Die Teilnahme ist für alle kostenlos. Statt des Startgeldes werden Spenden für Kinder gesammelt. Auf der Vier-Kilometer-Strecke kann man das winterliche Berlin vom Brandenburger Tor bis zum Berliner Dom betrachten. Start ist um 12 Uhr am Pariser Platz!

Wo	**Info**	
Pariser Platz am Brandenburger Tor	Wann: 1.1.2013 um 12 Uhr	UNICEF wird gebeten
10117 Berlin Charlottenburg	Wie viel: Kostenlos; um Spenden für das Kinderhilfswerk	www.scc-events.com

2 Der Markt am Kollwitzplatz

Vivian Pickelmann, 37: »Den Wochenmarkt am Kollwitzplatz muss man einfach gesehen haben – am besten nicht nur einmal! Samstags dort einzukaufen und zu schlendern, ist toll. Die Leute sind super nett, es gibt viel zu entdecken, die Stände sind kreativ, die Lebensmittel ausgewählt, frisch und lecker! Besonders empfehlen kann ich die hausgemachte Bratwurst und die Eintöpfe aus der original ostdeutschen Gulaschkanone! Einfach köstlich!«

Wo	**Info**	
Kollwitzstraße, Ecke Wörtherstraße	Wann: Sa/So 9–16 Uhr, Do 12–19 Uhr Ökomarkt	schen Lebensmitteln, daneben aber auch Mode, Büchern
10405 Berlin Prenzlauer Berg	Was: Wochenmarkt mit fri-	und anderen Kleinigkeiten

Im Olympiastadion auf den Rasen

Benni Uhlig aus Wedding: »Der heilige Rasen, besonders heilig im Berliner Olympiastadion. Endspielstätte der Weltmeisterschaft 2006 im eigenen Land! Man muss unbedingt mal auf dem Rasen gestanden haben, erst dann kapiert man, was das für eine unglaubliche Spielstätte ist! Hier hat Zinedine Zidane den Italiener Materazzi mit einem Kopfstoß niedergestreckt, hier findet jedes Jahr das DFB-Pokalendspiel statt und, und, und!«

Wo	**Info**	
Olympischer Platz 3 14053 Berlin Spandau	Wann: An veranstaltungsfreien Tagen Mo–Fr 9–19 Uhr, Sa 10–18 Uhr, So 10–14 Uhr	Kontakt: 030/25 00 23 22 www.olympiastadion-berlin.de

Essen im Dunkeln: Nocti Vagus

Ein Besuch im »Nocti Vagus« ist wirklich zu empfehlen und eine komplett neue Erfahrung für Körper und Sinne. Es ist so dunkel, dass man wortwörtlich die eigene Hand vor den Augen nicht sieht. Das blinde Personal ist sehr nett und hilfsbereit, man hat schnell Vertrauen. Vor dem Gang in den völlig dunklen Raum wählt man aus vier Menüs: entweder Fisch, Fleisch, vegetarisch oder ein sogenanntes Überraschungsmenü.

Wo	**Info**	
Saarbrücker Straße 36 10405 Berlin Prenzlauer Berg	Was: Besuch in einem Dunkelrestaurant; täglich wechselndes Abendprogramm	Kontakt: 030/74 74 91 23 www.noctivagus.com

5 Der Döner: In Berlin erfunden

Für Hagen aus Charlottenburg die zehn besten Dönerläden: 1. Hasir (Adalbertstraße Kreuzberg); 2. Rosenthalerplatz (direkt am U-Bahnhof); 3. S- und U-Bahnhof (an den Yorckbrücken); 4. Sanssouci Döner (S Babelsberg); 5. Tandir (Hermannplatz Neukölln); 6. Balli (U-Bhf Alt-Tempelhof); 7. Pergamon Döner (Berlin Mitte); 8. Best Döner Berlin (Hardenbergstraße Charlottenburg); 9. Mac's Bistro (S-Bahnhof Kaulsdorf); 10. direkt am Hackeschen Markt

Info
Öffnungszeiten:
Hasir: Tägl. 12–1 Uhr
Rosenthalerplatz: Tägl. 24 Std.

Sanssouci: Tägl. 10–4 Uhr
Tandir: Tägl. 24 Std.
Balli: Tägl. 8–23 Uhr

Pergamon: Tägl. 9–23 Uhr
Best Döner Berlin: Tägl.
10–23 Uhr

6 Mit dem 100er-Bus gefahren sein

Für Steffi Krüger aus Pankow ein Ort, an dem man gewesen sein muss. »Wieso extra mit einem Touri-Bus fahren, wenn die BVG die beste Sightseeing Tour anbietet? Der 100er-Bus fährt an Berlins besten Sehenswürdigkeiten vorbei, und das als ganz normale Buslinie. Und das Beste ist: Es gibt einen Busfahrer dieser Linie, der immer noch lustige und wirklich gute Kommentare über die Sprechanlage macht! Echt super!«

Wo
Zoologischer Garten
10623 Berlin Charlottenburg

Info
Was: Fahrt mit dem 100er vom
S-/U-Bahnhof Zoologischer
Garten bis zum S-/U-Bahnhof

Alexanderplatz
Wie viel: Einzelfahrschein
2,30 €

Lübars: Ein Dorf in der Stadt

Ein Ort, an – oder in – dem man gewesen sein muss: Lübars. Das einzige noch vollkommen erhaltene Dorf in Berlin mit Dorfanger, Kirche, einer alten Dorfschule, Landgasthäusern und Pferdekoppeln, umgeben von Wiesen und Wäldern. Perfekte Idylle! Man glaubt nicht, dass man sich auf Berliner Stadtgebiet befindet. Es riecht nach Kuhmist und frischem Grün, und das Kopfsteinpflaster der Dorfstraßen ist älter als die Hauptstadt selbst.

Wo	**Info**	
Am Tegeler Fließ	Was: Das älteste Dorf des	ernhöfen, Handwerksbetrie-
13469 Berlin Reinickendorf	Stadtbezirks Reinickendorf mit	ben, Freizeit- und Erholungs-
	Reiterhöfen, Stallungen, Bau-	park und Jugendfarm

 # Party im H2O, Dante oder Matrix

Die zahlreichen Clubs unter den S-Bahnbögen sind absolut Berlin-typisch. Wenn oben die S-Bahn über die Gleise donnert, ruppelt es nicht nur im, sondern auch über dem Schädel und die Wände wackeln ... das muss man einfach erlebt haben. Außerdem kann man dort wirklich abfeiern, dass einem schwindlig wird, trinken, tanzen, turteln – es ist ganz einfach alles dabei, was man für eine tolle Party braucht!

Wo	**Info**	
Matrix: 10245 Berlin	Kontakt: Matrix: 030/29 36 99 90;	www.matrix.de
H20-Club, Dante: 10178 Berlin	H20-Club: 030/28 04 25 97;	www.h2o-club.com
	Dante: 030/24 72 74 01	www.dante-club.de

9

Weinerei: Zahlen, so viel man will!

Die Weinerei ist eine der interessantesten Locations in ganz Berlin: »Wein trinken, so viel man will – und am Ende zahlen, so viel es einem wert ist?« Am Anfang ist man skeptisch, doch wenn man zum ersten Mal in die kleine Stube kommt, ist man sofort begeistert. Gemütliche Atmosphäre und das ausgefallene Zahlkonzept locken die Menschen von überall her in dieses ungewöhnliche Lokal. Außerdem gibt es wirklich leckeres Essen.

Wo
Fehrbelliner Straße 57
10119 Berlin Mitte

Info
Wann: Cafe: Mo–Sa 10–20 Uhr,
So 11–20 Uhr; Weinerei:
Mo–So 20–24 Uhr

Kontakt: 030/60 05 30 72
www.weinerei.com

10

Schlittenfahren am Teufelsberg

Der Teufelsberg gehört zu den beliebtesten Rodelpisten Berlins. »Hier bin ich das erste Mal als Vierjähriger auf einer Plastiktüte unter'm Hintern runtergerodelt!«, erinnern sich viele Berliner. Und rutschen auch heute noch nach einer durchzechten Nacht mit Freunden einfach auf einem blauen Müllsack, mit der ganzen Familie auf einem Schlitten – oder manchmal sogar auf Skiern – den Hang hinunter! Der Spaß ist unbezahlbar.

Wo
Berlin Wilmersdorf, Nähe
S-Bahnhof Grunewald

Info
Was: Der Teufelsberg ist mit
114,7 m neben den Müggelbergen die höchste Erhebung

Berlins; im Sommer tummeln sich hier Mountainbiker, Wanderer oder Gleitschirmflieger

🍴 Big **Window**

Zuerst traut man sich gar nicht reinzugehen. Die rote Fassade, die blickdichten Fenster … das sieht mehr nach Edelbordell als nach Restaurant aus. Doch innen – der Hammer! Es wirkt wie im Orientexpress: gemütliche Nischen, nicht zu edel, nicht zu überladen – einfach etwas ganz anderes als gewohnt. Und das Essen ist fantastisch! Allerdings sollte man gerne Fleisch essen, da es zu 90 Prozent auf den Tisch kommt.

Wo	**Info**	
Joachim-Friedrich-Straße 13	Wann: Küche Mo–Sa 19–24	01578/735 09 81
10711 Berlin Charlottenburg	Uhr, So geschlossen	www.big-window.de
	Kontakt: 030/892 58 36 oder	

Relaxen im Winter: Das **Badeschiff**

Auch wenn es schneit … Sauna mit Spreeblick – das bietet ein Wintertag auf dem Badeschiff in Treptow, in dieser Jahrszeit ein sehr beliebter Ort zum Relaxen. Man kommt aufgeheizt aus einer der beiden finnischen Saunas, taucht ein in den überdachten Pool mit Open-Air-Area, guckt auf den Berliner Nachthimmel – und zum Abschluss geht's noch in die separate Lounge mit Bar auf einen kleinen Drink. Life is good sometimes!

Wo	**Info**	
Eichenstraße 4	Wie viel: Erwachsene 12,00 €,	Handtücher, Schlappen) 7,00 €
Berlin Treptow	Kinder (bis 14 J.) 8,00 € (für 3	Kontakt: 030/533 20 30
	Stunden); Set (Bademantel, 2	www.arena-berlin.de

13

Absturz im Kumpelnest 3000

Nach einer langen Nacht mit Tanzen, Trinken und Feiern will man um 5 Uhr eigentlich nur nach Hause. Doch dann schlägt ein Freund noch den notorischen Absacker vor – im Kumpelnest. Holztür, grimmiger Türsteher, der aber nur nach »nett« und »nicht nett« unterscheidet und offenbar keinen Wert auf Dresscode legt. Drinnen Party bis zum Abwinken mit echt spannenden Kreaturen, die Berlin bei Nacht so zu bieten hat.

Wo	Info	
Lützowstraße 23 10785 Berlin Tiergarten	Wann: Tägl. ab 17 Uhr geöffnet	Kontakt: 030/261 69 18 www.kumpelnest3000.com

14

Ein Muss: Der BIOriental-Markt

Jeden Dienstag und Freitag wird das Maybachufer zwischen Kottbusser Damm und Hobrechtstraße zum Wochenmarkt. Im Angebot sind hauptsächlich Obst und Gemüse in allen Varianten, der jeweiligen Jahreszeit entsprechend. Die Preise liegen fast immer unter Discount- und Supermarktpreisen, und besonders nach 17 Uhr purzeln sie kräftig. Da gibt man selten mehr als 5 Euro für einen halben Wocheneinkauf an Grünzeug aus.

Wo	Info	
Maybachufer 10967 Berlin Kreuzberg	Wann: Jeden Di und Fr von 11–18.30 Uhr Was: Wochenmarkt; Schwer-	punkt auf Obst und Gemüse; außerdem Antipasti, Pasta, Brot, Käse, Fisch

⚠ Kollhoff-Tower: Berlin von oben

Ein Ort, an dem man gewesen sein muss: Vom Kollhoff-Tower hat man eine tolle Aussicht über ganz Berlin. Zum Panoramapunkt im 24. und 25. Stock (begehbare Aussichtsplattform, Ausstellung und Café) gelangt man über 25 Etagen mit dem schnellsten Aufzug Europas, der die Menschen mit 8,65 Metern pro Sekunde nach oben befördert! Wieder unten, kann man dann auch gleich im Herzen von Berlin shoppen und essen gehen.

Wo	**Info**	
Potsdamer Platz 1	Wann: Tägl. 11–18 Uhr, letzte	2,50 €, Gruppen ab 10 Per-
10785 Berlin Mitte	Auffahrt 17.30 Uhr	sonen 2,50 € pro Person
	Wie viel: 3,50 €, ermäßigt	

◈ Einst Stasi-Zentrale, heute Museum

Das Stasimuseum in den Gebäuden des DDR Ministeriums für Staatssicherheit in der Ruschestraße ist eines der wichtigsten politischen Museen Berlins. Da ist so viel zu sehen … von einem mit hübschen Gardinen als Campingwagen getarnten Gefangenentransporter, in dem die Verhafteten kniend eingesperrt wurden, bis hin zu beeindruckenden Fotos von der Stürmung der Stasi-Zentrale durch DDR-Bürger im Januar 1990.

Wo	**Info**	
Ruschestraße 103	Wann: Mo–Fr 11–18 Uhr	3,50 €, Schüler 2,50 €
10365 Berlin Lichtenberg	Sa/So/Feiertag 14–18 Uhr	Kontakt: 030/553 68 54
	Wie viel: 4,00 €, ermäßigt	www.stasimuseum.de

17

Punk-Rock-Karaoke im SilverWings

Eine Veranstaltung mit »Lach-Garantie«! Stellt euch vor: Karaoke, wie man es kennt, allerdings mit Punk-Rock-Musik! Echt geil! Da steht dann irgend so ein abgewrackter Typ auf der Bühne und singt Sex Pistols als Karaoke-Version. Einfach die Internetseite vom SilverWings checken, dann wisst ihr, wann das nächste Punk-Rock-Karaoke stattfindet! Ansonsten laufen im Silverwings immer gute Partys … ein Besuch lohnt sich.

Wo
Columbiadamm 10
12101 Berlin Tempelhof

Info
Wann: Bei Veranstaltungen
22 Uhr
Wie viel: Eintritt frei

Kontakt: 030/69 50 92 11
www.silverwings.de

18

Feuer & Flamme fürs Fondue

Für die dunkle Jahreszeit genau das richtige Restaurant! Draußen ist es kalt – und drinnen kann man ein Fondue essen! Wir Deutschen kennen meist nur das Fleischfondue, aber – ich kann nur empfehlen, auch mal ein Schweizer Käsefondue zu essen … oder ein Currykäsefondue, ein Fischfondue, ein Gemüsefondue, und als Nachtisch ein Schokoladenfondue. Schon ist der Abend ein Highlight! Aber nur im Feuer & Flamme in Friedrichshain.

Wo
Am Comeniusplatz 1
10243 Berlin Friedrichshain

Info
Wann: Mo–Do, So 18–24 Uhr,
Fr/Sa 18-1 Uhr
Kontakt: 030/29 77 65 95 oder

0151/50 90 06 39
www.feuer-und-flamme-berlin.de

Zum Paintball in die Indoorhalle

Die Trendsportart Paintball findet immer mehr Anhänger. Angekommen in der Paintballworld Berlin, bekommt man seine Ausrüstung: eine Paintball-maske, 500 Paintballs und den Paint-ballmarkierer. Klingt simpel? Ist aber Adrenalin pur! Wenn das Spiel einmal angefangen hat, ist man wie in einem Rausch. Die meisten wollen überhaupt nicht mehr aufhören, deshalb: am besten mit Freunden und Kollegen hingehen.

Wo	**Info**	
Am Bohldamm 12 14959 Trebbin TF–Teltow-Fläming	Wann: Mo–Fr 16–20 Uhr (nach Absprache), Sa 12–19 Uhr, So 12–18 Uhr	Kontakt: 0177/571 50 29

Zum Diplom von der Bierakademie

Was jeder unbedingt mal machen sollte, ist, in Eberswalde in die Bieraka-demie in der Eisenbahnstraße zu gehen und entweder das Bierabitur oder das Bierdiplom zu machen. Beim Abi müsst ihr einfach die Bierkarte run-ter trinken und am Ende sagen, welches Bier euch am besten geschmeckt hat. Beim Diplom werden euch ver-schiedene Biere in neutralen Gläsern serviert. Ihr müsst dem Wirt sagen, welche Biere es sind.

Wo	**Info**	
Eisenbahnstraße 27 16225 Eberswalde BAR–Barnim	Wann: Di 17–24 Uhr, Mi–Sa 12–24 Uhr, So 11–22 Uhr, Mo geschlossen	Kontakt: 03334/221 18 www.bierakademie-ebers-walde.de

21 Essen in der Himmelspagode

Wer China erleben und nicht weit reisen möchte, ist in der Himmelspagode in Hohen Neuendorf bestens aufgehoben, getreu dem Motto des Hauses: »Wer die Esskultur eines fremden Landes erlebt, der erhält einen tiefen Einblick in die Lebensweise des Volkes.« Lassen Sie sich überraschen – z. B. vom monatlich wechselnden Gourmetmenü, der Empfehlung des Hauses.

Wo	Info	
Oranienburger Straße 3 16540 Hohen Neuendorf OHV–Oberhavel	Wann: Tägl. 11.30–23.30 Uhr Was: Chinesisches Restaurant	Kontakt: 03303/212 70 www.himmelspagode.de

22 Zum wahren Berliner Bären

Er ist zwar der wahre Berliner Bär, aber – keine Angst! – kein echter! Für Jens Mauersberger, 28, vielmehr ein Ort, an dem man gewesen sein muss: »Wenn man von der Autobahn in Richtung Avus nach Berlin reinfährt, kommt dort, wo früher die Grenze Dreilinden war, auf dem Mittelstreifen der Autobahn eine Bärenstatue. Und diese sollte jeder zumindest einmal gesehen haben.«

Wo	Info	
Autobahn A 115, Avus, frühere Grenze Dreilinden Zehlendorf	Was: Statue des Berliner Bären an der Stadtgrenze Achtung! Das Berühren der	Statue kann aufgrund des Verkehrs sehr gefährlich sein!

23 Ein Samstag im Kreuzkeller

Für alle Freunde des runden Leders gibt es wohl nichts Größeres, als einen ganen Samstag im legendären Kreuzkeller in Kreuzberg zu verbringen. Es fängt an mit einer gepflegten Pilsette, dazu läuft die Bundesliga-Konferenz im Fernsehen. Danach geht es weiter mit schönen Kalthopfenschorlen, bevor das Turnier am Kickertisch beginnt. Ein Muss für echte Kickerfans!

Wo	Info	
Yorckstraße 17 10965 Berlin Kreuzberg	Wann: Mo–Fr 18 Uhr-open end, Sa ab 15 Uhr, So 17–23 Uhr	Kontakt: 030/785 42 38 volla@kreuzkeller.de www.kreuzkeller.de

Berlin Fashion Week für alle

Zur Berliner Fashion Week wirkt ganz Berlin plötzlich durchgestyled. Rund um den Bebelplatz in Mitte sind nur noch wichtige Leute unterwegs: Models, Designer, Journalisten – auf dem Weg zum nächsten Catwalk. Als »Normalo« hat man keine Chance, dabei zu sein. Darum gibt's während der Fashion-Tage die »Showroom-Days«: Junge Berliner Modelabels zeigen dort, zusammen mit internationalen Größen, ihre Highlights. Der Eintritt ist frei!

Wo	**Info**	
Galeria Kaufhof	Wo: Weitere Orte siehe	www.fashion-week-berlin.
Alexanderplatz 9	Homepage	com/de/showroom-days/
10178 Berlin Mitte		

 # Mit Freunden im Knofel

Das Knofel kann man am besten mit Freunden testen. Aber besser reservieren, denn es ist immer ganz schön voll. Auf den Tischen stehen Erdnüsse, die mit Knoblauch gewürzt sind. Auf der Speisekarte findet man kaum eine Speise, die keinen Knoblauch enthält. Wir können das Knofel jedem Knoblauch-Fan nur empfehlen … Nur: Wenn man da war, sollte man die nächsten zwei Tage lieber keine wichtigen Termine haben.

Wo	**Info**	
Wichertstraße 33	Wann: Mo–Do 18 Uhr–	Kontakt: 030/447 67 17
10439 Berlin Prenzlauer Berg	open end, Fr ab 14 Uhr,	www.knoblauchrestaurant.de
	Sa/So ab 13 Uhr	

26   Zur Stille im Brandenburger Tor

Es ist eines DER Wahrzeichen Berlins: das Brandenburger Tor. Alle kennen es, und doch kennen sie es wieder nicht. Denn das Tor birgt ein Geheimnis: den Raum der Stille, einen ungefähr 30 Quadratmeter großen Raum, neutral und schlicht gehalten. Eine Oase inmitten der Hektik der Hauptstadt, die einlädt zum Ausruhen und Meditieren und eine Aufforderung sein soll zu Geschwisterlichkeit und Toleranz zwischen den Menschen.

Wo	Info	
Brandenburger Tor Pariser Platz 7 10117 Berlin Mitte	Wann: März–Okt. 11–18 Uhr, Nov. 11–17 Uhr, Dez./Jan. 11–16 Uhr, Feb. 11–17 Uhr	www.raum-der-stille-im- brandenburger-tor.de

27   Mit der Panorama-Bahn fahren

Diese S-Bahn-Fahrt ist einfach toll! Auf Gleis 10 am Ostbahnhof wartet der »gläserne Zug«: ein restaurierter S-Bahn-Wagen der Baureihe ET 167 aus dem Jahr 1958 mit großen Panoramascheiben, die bis ins Dach hineingezogen sind, weichen Sesseln und edler Holzverkleidung; mit einer normalen S-Bahn hat dieser Sonderzug nicht mehr viel gemeinsam. Man versinkt in den Stühlen und geht auf eine Entdeckungsreise durch Berlin.

Wo	Info	
Ostbahnhof 10243 Berlin Friedrichshain	Wie viel: 16,00 €, Kinder (4–14 Jahre) 9,50 €	www.s-bahn-berlin.de www.hisb.de

Spielbank: Schwarz oder Rot?

28

Unvernünftig, doch an Nervenkitzel kaum zu übertreffen – und einmal im Leben ein Muss: Als Erstes kommt der Gang zum Geldautomaten deiner Bank. Dort hebst du 25 Prozent deines Monats-Gehalts ab! Mit diesem Geld fährst du zum Potsdamer Platz in die Spielbank Berlin. Jetzt reißt du all deinen Mut zusammen und setzt das ganze Geld auf Rot oder Schwarz! Augen zu und … durch! Der Hammer an Spannung!

Wo	Info	
Spielbank Berlin	Was: Glücksspiel	Kontakt: 030/255 99-0
Marlene-Dietrich-Platz	Wie viel: Tageskarte 2,00 €	www.spielbank-berlin.de
10785 Berlin Tiergarten	Wann: 15–3 Uhr	

 Zum **Hertha-Spiel** in die Ostkurve

29

Auch wenn der Fußballverein der Hauptstadt seinen Fans oft Kummer bereitet und leider noch keine Titel in der Neuzeit geholt hat, ein Erlebnis ist es dennoch jedes Jahr: zur alten Dame gehen und in der Ostkurve beim harten Kern der Fans das Spiel der Spiele erleben. Hertha BSC gegen Bayern München! Das garantiert ein volles Haus … und die Stimmung im Berliner Olympiastadion ist dann kaum noch zu toppen.

Wo	Info	
Olympischer Platz 3	Wann: 17.3.2012, 18.30 Uhr;	www.herthabsc.de
14053 Berlin Spandau	weitere Termine der Bundesli-	www.olympiastadion-
	gaspiele s. Homepages	berlin.de

30 3-Muskel-Tour nach Jüterbog

Ein Highlight ist die »3-Muskel-Tour«, die man unter www.erlebnisbahn.de buchen kann. Sie startet in Zossen und beinhaltet eine Fahrt mit der Kleindraisine, eine mit dem Konferenzfahrrad (einer Art rundem Dreirad, auf dem man im Kreis sitzt und trotzdem geradeaus radelt) und zum Schluss eine mit dem Hydro-Bike (einer Art Katamaran-Tretboot, mit dem man auf dem Wasser radelt). Dann sind alle platt, aber glücklich.

Wo	**Info**	
15806 Zossen Charlottenburg	Was: Tour mit einer kleinen Handhebeldraisine Kapazität: 4–8 Personen	Kontakt: 03377/330 08 50 www.erlebnisbahn.de

31 Einmal zum Flohmarkt am BOXI

Prima am Sonntag shoppen kann man auf dem Flohmarkt am Boxi. Besonders faszinierend ist hier die wilde Mischung. Es gibt eben nicht nur Stände mit Hunderten von Türklinken wie auf dem angeblich viel schickeren Flohmarkt in Charlottenburg. Hier sind die Menschen ehrlich und direkt und haben Lust am Feilschen. Egal, bei welchem Wetter: Sonntags über den Boxhagener Platz zu schlendern, macht immer Spaß!

Wo	**Info**	
Boxhagener Platz Boxhagener Straße 33 10245 Berlin Friedrichshain	Wann: So 10–18 Uhr; Reservierung: Mo bis 10 Uhr für den darauffolgenden So	Kontakt: 0162/292 30 66 (Reservierung) oder 0177/ 827 93 52 (Allgemeines)

Mitfahren mit Juttas Comedybus

Von außen sieht er aus wie ein ganz normaler Reisebus, der eine Touristentour durch Berlin anbietet! Sitzt man hingegen innen, erlebt man die witzigste Stadtrundfahrt Berlins. Während der Bus durch die Stadt rollt, wird drinnen Prosecco und Futschi ausgeschenkt. Reiseleiterin Jutta stimmt einen Hit nach dem anderen an. Sie singt, spielt mit den Fahrgästen und erzählt ihnen witzige Anekdoten am laufenden Band.

Wo	**Info**	
Nollendorfplatz 3	Wann: 16 Uhr	Wie viel: Show inkl. Begrü-
10777 Berlin Schöneberg	Wo: Start vor der Berliner	ßungsdrink und Snack 23,00 €
	Sparkasse am Nollendorfplatz-	Kontakt/Tickets: 030/61 10 13 13

Im Legoland im Sony-Center

Meine Kinder haben die ganze Zeit nur gestaunt. Man glaubt ja selbst nicht, was man aus Legosteinen alles machen kann – von einfachen kleinen Häusern bis hin zu Berliner Sehenswürdigkeiten wie Dom, Brandenburger Tor oder Reichstag. Als Erstes ging's auf Fabrik-Tour, um zu sehen, wie aus farbigem Granulat ein Legostein wird. Hier kann man mit seinen Kindern problemlos einen kompletten Tag verbringen, ohne dass es langweilig wird.

Wo	**Info**	
Sony-Center	Wann: 10–19 Uhr	Kontakt: 030/30 10 40 10
Potsdamer Straße 4	Wie viel: 14,75 €, ermäßigt	www.legolanddiscoverycen-
10785 Berlin Mitte	13,75 €, Kinder 11,75 €	tre.com

34

Pub-Crawl in der Simon-Dach-Str.

In der Simon-Dach-Straße rockt das Leben! Es gibt endlos viele Kneipen, garantiert schickimickifrei und preiswert, und dazwischen oftmals die Gelegenheit zum Stärken: Italienisch, indisch, thai-ländisch, mexikanisch … für jeden Geschmack ist etwas dabei. Allerdings muss man trinkfest sein, ansonsten endet der Abend möglicherweise früher, als einem lieb ist.

Wo	Info	
Simon-Dach-Straße 10245 Berlin Friedrichshain	Was: Beliebte Kneipen- und Flaniermeile Wo: U5 Frankfurter Tor, S- und	U-Bahnhof Warschauer Straße, M13 und 240er-Bus

35

Eigener Duft aus dem Parfümatelier

In der Bahnhofstraße 61 in Lichtenrade gibt es etwas Einmaliges: ein Parfümatelier. Hier kannst du deinen eigenen Duft zusammenstellen und dafür unter 128 verschiedenen französischen Duftessenzen wählen. Um nicht den Überblick zu verlieren, stehen professionelle Parfümörinnen hilfreich zur Seite. Nach ca 1,5 Stunden ist der eigene Duft fertig … und der ist definitiv einmalig.

Wo	Info	
Bahnhofstraße 61 12305 Berlin Tempelhof	Wann: Mo–Do 9–12 und 13–19 Uhr (Termin nach Vereinbarung)	Kontakt: 030/744 65 45 www.parfumatelier.de

36

Einmal freitags in die Hafenbar

Lukas aus Neukölln: »Chausseestraße in Mitte, Freitagabend, kurz vor Mitternacht! Vor der unscheinbaren Eingangstür in die Hafenbar hat sich eine lange Schlange gebildet. Wer rein will, braucht Geduld, denn die Tanzfläche platzt bereits aus allen Nähten! Das Ambiente: eine Mischung aus Hafenromantik und Schlagernostalgie! Und jeden Freitag eine Party, bei der nicht nur Schlagerfans in Ekstase geraten!

Wo	Info	
Chausseestraße 20 10115 Berlin Mitte	Wann: Schlagerparty jeden Fr ab 21 Uhr, Sa ab 22 Uhr	Wie viel: Fr 8,00 €, Sa 6,00 € (kein VVK)

37

Fernsehturm: Essen mit Berlin-Blick

In der Kugel in 207 Meter Höhe befindet sich das Telecafé. Gerade einmal 40 Sekunden brauchen die Aufzüge, um die Besucher nach oben zu bringen. Von dort hat man einen atemberaubenden Blick über Berlin – bei gutem Wetter bis zu 40 Kilometer weit. Ebenfalls einmalig: Das Telecafé dreht sich einmal pro halber Stunde um die eigene Achse, sodass man die Aussicht auch wirklich in alle Richtungen genießen kann.

Wo	**Info**	
Panoramastraße 1a	Wann: März–Okt. 9–24 Uhr,	Jahre 7,00 € (bis 3 Jahre frei)
10178 Berlin Mitte	Nov.–Feb. 10–24 Uhr	Kontakt: 030/242 33 33
	Wie viel: 11,00 €, Kinder bis 16	www.berlinerfernsehturm.de

38

Mobilbaukunst im Meilenwerk

Ein Ort, an dem man unbedingt einmal gewesen sein muss: E-Type, Sting Ray, Heckflosse – wer bei solchen Begriffen ins Schwärmen gerät und über Bürokratie-Possen wie Feinstaubplaketten nur den Kopf schütteln kann, ist im Meilenwerk, dem sogenannten »Forum für Fahrkultur«, genau richtig. In einer riesigen Halle kann man traumhaft schöne Exemplare der Automobilbaukunst bewundern – und das bei freiem Eintritt!

Wo	**Info**	
Wiebestraße 36	Wann: Mo–Sa 8–20 Uhr,	Kontakt: 030/364 07 80
10553 Berlin Tiergarten	So 10–20 Uhr	www.meilenwerk.de
	Wie viel: Kostenlos	

Eintauchen in Unterwasser-Musik

Das Sole-Becken im Liquidrom ist richtig abgefahren. Das Wasser ist so salzig, dass man sich fast drauflegen kann wie auf eine Couch. Sobald die Ohren im Wasser verschwinden, wird die Unterwasser-Musik – Klassik, Walgesänge, elektronische Musik – um ein Vielfaches lauter und man treibt, mit dem Blick nach oben zur Kuppel der abgedunkelten Halle, durch's Wasser. Wer jetzt noch die Augen schließt, fühlt sich schwerelos.

Wo	**Info**	
Möckernstraße 10 10963 Berlin Kreuzberg	Wie viel: 2 Stunden 19,50 €, 4 Stunden 24,50 €, Tageskarte 29,50 €, 11er-Karte: 245,00 €	Tipp: Besonders romantisch freitags die Nacht der Lichter www.liquidrom-berlin.de

 # »Linie 1«: Echtes Berlin-Musical

Das GRIPS Theater ist vielleicht nicht so groß und elegant wie andere Musical-Theater der Stadt. Dafür ist »Linie 1« das älteste und ehrlichste Musical über Berlin. Dass man im Theater sitzt, vergisst man ganz schnell, denn bei Linie 1 trifft man mehr echte Menschen und wahre Gefühle als bei einem Spaziergang über den Kudamm. Wunderschöne Lieder, große und kleine Gefühle, mal zum Weinen, mal zum Lachen – das pralle Leben pur.

Wo	**Info**	
GRIPS Theater Altonaer Straße 22 10557 Berlin Tiergarten	Wie lange: Ca. 3 Std. (mit einer Pause)	Wie viel: 18,00 €, ermäßigt 10,00 € www.grips-theater.de

41 Authentische Wodka-Verkostung

Bei einer Wodka-Verkostung im Tres-passers dabei zu sein, ist wie eine Reise mit der Transsibirischen Eisenbahn durch gut 300 Jahre Wodka-Geschichte – und in Berlin ein absolutes Muss. Wirt Alexej schildert die Geschichte der Wodka-Herstellung und packt dabei eine Sache aus, die es weltweit sonst nicht gibt: Der sehr schwer herstellbare frische Minze-Wodka ist seine eigene Erfindung und nur in Berlin zu finden. Na dann: Na sdorowje!

Wo	**Info**	
Trespassers	Wann: Tägl. 16–2 Uhr	Kontakt: 030/53 06 70 58
Fehrbelliner Straße 94	Was: 20 aromatische Wodka-	www.trespassers-w.com
10119 Berlin Prenzlauer Berg	Variationen	

42 Staunen am Schiffshebewerk

Unglaublich, was Ingenieure schon vor 80 Jahren zu Wege gebracht haben – und das mitten in Brandenburg. Wenn sich der Schiffsfahrstuhl in Bewegung setzt, kann es passieren, dass man kurz die Orientierung verliert und aufgrund einer optischen Täuschung nicht weiß, ob sich das gesamte Schiffshebewerk oder nur das Schiff bewegt. Schließlich muss es dabei einen Höhenunterschied von 36 Metern im Zuge des Oder-Havel-Kanals überwinden.

Wo	**Info**	
Hebewerkstraße	Wann: Sommer 9–18 Uhr,	denten, Schwerbehinderte
16248 Niederfinow	Winter 9–16 Uhr	0,50 €, Kinder bis 6 Jahre frei
BAR–Barnim	Wie viel: 1,00 €, Schüler, Stu-	

Relaxen in der größten Sauna   43

Ein absolutes »MUSS« ist ein Besuch in den Thermen am Europa-Center – Berlins größte, schönste und älteste Sauna. Vor allem bei ungemütlichem Wetter gibt es nichts Schöneres, als im 32 Grad warmen Außenpool über den Dächern der Stadt zu schwimmen, egal ob es regnet oder schneit. Man kann dort einen ganzen Tag in den verschiedenen Saunen und Dampfbädern verbringen, ohne dass es langweilig wird. Fast wie Urlaub!

Wo	**Info**	
Nürnberger Straße 7	Wann: Mo–Sa 10–24 Uhr,	info@thermen-berlin.de
10787 Berlin Charlottenburg	So/Feiertag 10–21 Uhr	www.thermen-berlin.de
	Kontakt: 030/25 75 76-0	

⚠ Tandemsprung in Fehrbellin   44

Für Moderatorin Juliane ein Muss: »Der freie Fall zu zweit aus 4.000 Meter Höhe ist im wahrsten Sinne des Wortes atemberaubend. Nach 30 Minuten Einweisung geht es ins Flugzeug und in schwindelerregende Höhe. Dann spannt dich dein erfahrener Tandempartner regelrecht an seinen Bauch und los geht's! Es fühlt sich so gut an, dass ich fast enttäuscht bin, als der Gleitschirm aufgeht. Zum Glück dauert es noch sieben Minuten, bis wir landen.«

Wo	**Info**	
Flugplatzstraße 3	Wie viel: 199,00 €/Pers.; geson-	Kontakt: 033932/722 38
16833 Fehrbellin	derte Vereinbarungen für	www.funjump.de
	Großgruppen ab 10 Personen	

45   Am Sonntag bei Ullrich einkaufen

Haben Sie unter der Woche wieder mal vergessen einzukaufen? Und heute, am Sonntag, brauchen Sie dringend etwas? Alle, denen es so geht, werden Sonntags-bei-Ullrich-Shopper: riesige Auswahl, endlos lange Gänge und Menschen-Zoo at it's best! Banker, Junkies, Mitte-Boys, junge Familien, kleine Kinder, Geschäftsreisende, Touristen … Hier kommt ganz offensichtlich wirklich jeder her.

Wo	Info	
Hardenbergstraße 25	Wann: Mo–Sa 9–22 Uhr,	Kontakt: 030/818 50-110
10623 Berlin Charlottenburg	So/Feiertag 11–22 Uhr	www.ullrich-verbraucher-markt.de

46   Essen im Funkturmrestaurant

Der unter Denkmalschutz stehende Westberliner Funkturm und das Funkturmrestaurant in 52 Meter Höhe sind einen Besuch wert! Ich war öfter mit Freunden hier und immer gleich beeindruckt: supernetter Service, gutes Essen und vielseitiges Buffet. Das hat sich rumgesprochen, deshalb ist reservieren dringend nötig. Übrigens war auch Marlene Dietrich Fan dieses Jugendstil-Restaurants.

Wo	Info	
Messedamm 22	Kontakt: Caterer: 030/	030/30 38-29 00, funkturm@
14055 Berlin Mitte	30 38-39 00, info@capital-catering.de; Funkturm:	capital-catering.de www.capital-catering.de

47   Burlesque-Show mit den Teaserettes

Thomas Koschwitz ist ein großer Fan von Burlesque! Wann immer eine Show in seiner Nähe stattfindet, ist er dabei: »Es ist einfach toll, wie sexy diese runden Frauen rüberkommen. Die Teaserettes sind einfach immer wieder ein Highlight. Mit einem normalem Strip hat das eigentlich überhaupt nichts mehr zu tun, trotzdem schwingt immer eine gewisse Erotik mit. Heiß!«

Wo	Info	
Aktuelle Aufführungsstätten	Wann: Aktuelle Termine	Kontakt: 0176/80 17 65 80
s. Homepage	s. Homepage	www.teaserettes.de

Nach der Party zum Hühnerhaus 48

Wenn man am Wochenende in Kreuzberg richtig feiern war, dann gibt es nichts Besseres, als sich vor dem Schlafengehen noch etwas für den hohlen Zahn mitzunehmen: ein halbes Hähnchen mit Kraut- oder Kartoffelsalat aus dem Hühnerhaus in der Görlitzer Straße ist da genau das Richtige. Man kriegt kein besseres Hähnchen in der ganzen Stadt und für den Heißhunger nachts um halb drei ist das einfach perfekt!

Wo	**Info**	
Görlitzer Straße 1	Wann: Tägl. 9–3 Uhr	Kontakt: 030/612 25 32
10997 Berlin Kreuzberg	Wie viel: Ab 2,20 € für ein halbes Hähnchen	

Tattoo-Unikate von einem Pionier 49

Tattoo Olli war einer der ersten Tätowierer Berlins und gehört zur Hauptstadt wie Curry auf die Wurst! Seit 20 Jahren schon macht er nach eigener Aussage »Rock-'n'-Roll-Kunst und Tätowierungen« – nichts von der Stange, sondern Unikate: »Einzelanfertigungen, spezieller Stil, Art und Weise der Ausführung machen meine Arbeiten unverkennbar.« Deshalb: wenn schon ein Tattoo, dann sollte es von Oliver Loppow von Jiraiya Tattoo sein!

Wo	**Info**	
Krausnickstraße 8	Wann: Mo–Sa ab 13 Uhr, So nach Vereinbarung; Termine jederzeit per Telefon	Kontakt: 0172/320 76 70
10115 Berlin Mitte		www.jiraiya-tattoo.de

50 Die gläserne Molkerei

Wo Bio draufsteht, ist auch Bio drin: Und davon kann man sich im Brandenburgischen Münchehofe gleich selbst überzeugen – denn dort steht die einzige Glasmolkerei Deutschlands! Hier kann man zuschauen, wo Milch, Käse und Butter eigentlich herkommen und wie sie verarbeitet werden. Und im Anschluss an den Molkerei-Rundgang kann man die Produkte dann gleich im angeschlossenen Hofladen probieren!

Wo
Molkereistraße 1
15748 Münchehofe
LDS - Dahme-Spreewald

Info
Wann: Mo bis Fr 10 Uhr, Di und Mi zusätzlich um 13 Uhr Sa 10 und 12 Uhr

Anmeldung erforderlich!
www.glaeserne-meierei.de/

51 Ins Gruselkabinett gehen

Das Gruselkabinett bietet die perfekte Mischung aus Ausstellung und Action! Am besten ist es, wenn man zuerst im Untergeschoss mit der Bunkergeschichte-Ausstellung beginnt. Danach geht man dann ins Erdgeschoss und schaut sich das medizinische Figurenkabinett an. Zum Schluss nimmt man all seinen Mut zusammen und geht ins Obergeschoss – ins Gruselkabinett! Ein herrlicher Spaß für Freunde oder Familien mit Kindern!«

Wo
Schöneberger Straße 23
10963 Berlin Kreuzberg

Info
Wann: Mo 10–15 Uhr (Feiertag 10–19 Uhr), So/Di/Do/Fr 10–19 Uhr, Sa 12–20 Uhr

Kontakt: 030/26 55 55 46
www.gruselkabinett-berlin.de

Auf zur Berlinale

Film ab! Im Februar wird Berlin für zehn Tage zur Promi-Hochburg. Berlinale! Über 350 neue Filme werden gezeigt, für die Besten gibt's goldene und silberne Bären. Autogrammjäger haben die besten Chancen auf die Stars am Berlinale-Palast und vor dem Hyatt Hotel am Potsdamer Platz. Wer sich selbst einen Film anschauen will: Tickets gibt's immer drei Tage vorher zu kaufen, alle Vorstellungen am Kino-Sonntag bereits ab dem ersten Tag.

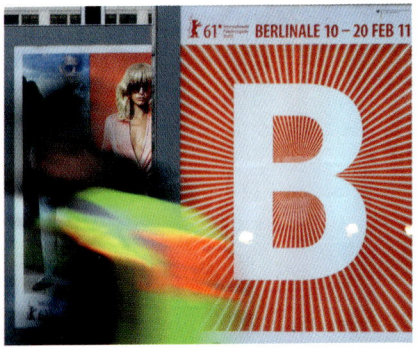

Wo
Potsdamer Straße 5
10785 Berlin Tiergarten

Info
Wann: Februar
Wie viel: Ab 6,00 €; Ticket-Vorverkaufsstellen: Potsdamer

Platz, Arkaden, An der Urania,
Kino International
www.berlinale.de/

Das größte Schnitzel der Stadt

Was einem im Restaurant Louis für rund 13 Euro auf einem Pizzateller präsentiert wird, ist mit Worten nur schwer zu beschreiben. Man könnte wohl am ehesten den Vergleich mit einem panierten »Elefantenohr« ziehen. Wer dieses Schnitzelmonster verdrücken kann, muss sich vor keinem Wettessen mehr scheuen. Wer dachte, die größten Schnitzel kommen aus Wien, hat falsch gelegen. Die Schnitzel-Hauptstadt ist Berlin!

Wo
Richardplatz 5
12055 Berlin Neukölln

Info
Wann: Tägl. ab 11 Uhr (rechtzeitig reservieren!)

Wie viel: Schnitzel in A3-Größe
ca. 13,00 €
Kontakt: 030/681 02 10

54

Einmal ins DDR-Museum

Noch nie zuvor wurde die jüngste Geschichte des zweiten Deutschen Staates so lebendig, interaktiv und spielerisch vermittelt wie im DDR-Museum. Der Alltag eines vergangenen Staates zum Anfassen – im DDR-Museum kommt jeder auf seine Kosten. Die Hausfrauen können in Erinnerungen an den alten Herd schwelgen, während sich die Herren von einem original DDR-Kinosessel aus das Fußballspiel DDR – BRD anschauen.

Wo	Info	
Karl-Liebknecht-Straße 1	Wann: Mo–So 10–20 Uhr,	3,50 €, Gruppen 3,50 € pro
10178 Berlin Mitte	Sa 10–22 Uhr	Person
	Wie viel: 5,50 €, ermäßigt	www.ddr-museum.de

55

Einmal dein eigenes Bier brauen

»Genial, dass man beim Biertrinken auch gleich zusehen kann, wie das Produkt entsteht. Und der Geschmack ist überhaupt nicht zu vergleichen mit herkömmlichen Bieren! Echte Bier-Fans sollten wirklich einmal eine Führung in der Hausbrauerei Hops & Barley mitmachen! Ich komme jetzt öfters mit den Kumpels her, um bei einem frisch gezapften Bier und ein paar Treberbroten die Bundesliga zu verfolgen …«

Wo	Info	
Wühlischstraße 22	Wann: Tägl. 17–3 Uhr	www.hopsandbarley-berlin.de
10245 Berlin Friedrichshain	Kontakt: 030/29 36 75 34	

⚠ Im Hochseilgarten in Fläming

Der Klettergarten sieht aus wie ein riesiges Klettergerüst mit Seilbahn, eigentlich wie auf einem Spielplatz – nur eben in schwindelerregender Höhe. Nach einer kurzen Einweisung schlüpft man in ein Klettergeschirr, setzt einen Schutzhelm auf und dann geht es hoch in die Baumkronen, wo es mehr als 20 Stationen zu überwinden gilt. Der Klettergarten ist ein tolles Erlebnis, allerdings nicht für Höhenängstliche zu empfehlen.

Wo	Info	
Weststraße 5	Wie viel: 1/2 Tag 48,00 €	oder 0177/418 14 84
14943 Luckenwalde	pro Person	www.flaeming-hochseil-
BAR–Barnim	Kontakt: 03371/40 10 80	garten.de

Am härtesten Türsteher vorbei

»Viele Berliner lieben das Berghain und gehen jedes Wochenende hin. Es ist aber trotzdem immer wieder spannend, ob man überhaupt reinkommt oder nicht. Ich wurde zum Beispiel auch schon mal nicht reingelassen. Das hat mich total geärgert, weil ich damals anderthalb Stunden im Regen gestanden hatte. An der Tür hieß es dann: ›Du nicht.‹ Die sind einfach knallhart. Doch wer drinnen ist, amüsiert sich garantiert!«

Wo	Info	
Am Wriezener Bahnhof	Wann: Sa gegen Mitternacht,	Kontakt: 030/29 36 02 10
10243 Berlin Friedrichshain	So im Laufe des späten	www.berghain.de
	Abends	

58 Den 10-m-Stretch-Hummer mieten

Eintauchen in die Welt der Schönen und Reichen. Dieses Luxusgefühl kann man für einen ganzen Tag mieten. 150.000 Eu-ro würde so ein Auto kosten, gemietet ist es um die 300 Euro pro Tag. Kaum sitzt man in einem Hummer, fühlt man sich wie der König der Straße. Verdunkelte Scheiben und weiche Ledersitze machen das Promi-Gefühl perfekt. Ein Muss für jeden, der die Stadt wie ein echter Filmstar erleben möchte.

Wo
12529 Schönefeld
LDS–Dahme-Spreewald

Info
Kontakt: Christian Hempel & Janine Schubert,
030/91 68 14 84 oder

0163/191 28 42
www.yellowhummer.de

59 Im ältesten Restaurant Berlins essen

Direkt zwischen den Überresten der alten Berliner Stadtmauer und den Ruinen einer alten Klosterkirche befindet sich das Restaurant »Zur letzten Instanz«. Schon seit annähernd 400 Jahren werden die Gäste hier kulinarisch verwöhnt. Im Jahr 1621 nämlich hatte ein Reitknecht des Kurfürsten hier eine Branntweinstube eröffnet. Den Mittelpunkt der Speisekarte bilden aber immer noch »typisch Berliner Jerichte«.

Wo
Waisenstraße 14
10179 Berlin Mitte

Info
Wann: Mo–Sa 12–1 Uhr
Was: Speiselokal mit traditioneller Berliner Küche

Kontakt: 030/242 55 28
www.zurletzteninstanz.de

Wrestling im Statthaus Böcklerpark 60

Die Aktiven sind Profis mit klangvollen Namen wie Crazy Sexy Mike, Rambo, Cash Money Erkan oder Iwan Kiew und bei ihren Fans echte Stars. Hier kämpfen die Guten noch gegen die Bösen und jeder findet schnell seinen persönlichen Helden, für den er lautstark jubelt. Das ist Berliner Sport-Entertainment mit allem inklusive: Gänsehaut-Feeling, ein gewisser Trash-Faktor und anschließende Heiserkeits-Garantie.

Wo	**Info**	
Statthaus Böcklerpark	Wann: Ca. alle 3–4 Monate	www.gwf-wrestling.de
Prinzenstraße 1	Kontakt: 030/22 19 53-21	www.statthausboecklerpark.de
10969 Berlin Kreuzberg		

Knutschen unterm Sternenhimmel 61

Sind Sie ein Hörspiel-Fan? Oder Ihre Kinder? Ob TKKG, 5 Freunde oder was auch immer: Unter der riesigen Kuppel des Hörspielkinos im Zeiss-Planetarium wirkt jede Geschichte noch mal spannender. Und dieser Sternenhimmel ist einfach super romantisch … Wir finden, das ist eine echte Alternative zu Kino! Die Veranstaltungen sind eine Kooperation von rbb (Radioeins) und dem Hörverlag – schade nur, dass sie eine Winterpause machen.

Wo	**Info**	
Prenzlauer Allee 80	Wann: Fr/Sa 20 Uhr (Winter-	Karten rechtzeitig reservieren
10405 Berlin Prenzlauer Berg	pause beachten!)	www.sdtb.de/Zeiss-Grosspla-
	Wie viel: 6,50 € (unbedingt	netarium.25.0.html

62

Shoppen im Bambus Dreams

Von außen sieht der Laden aus wie einer der vielen mit Kitsch vollgestellten Ethno-Läden in Berlin. Doch auf den zweiten Blick fällt einem auf, dass hinter den großen Glasscheiben etwas Besonderes liegt. Im Bambus Dreams kann man Waren aus aller Welt finden, vor allem aber aus Vietnam, Indien, Indonesien, Thailand und Nepal. Hier gibt es Geschenke der besonderen Art. Ein Laden, der Schönes aus der Welt in entzückendem Ambiente anbietet!

Wo
Karl-Liebknecht-Straße 9
10178 Berlin Mitte

Info
Wann: Mo–Sa 10–20 Uhr
Was: Einrichtung, Kunsthandwerk, Lampen, Wohntextilien

und -accessoires, Mode
Kontakt: 030/28 87 35 33
www.bambus-dreams.com

63

Im Viktoriapark spazieren gehen

Vom Mehringdamm oder vom Platz der Luftbrücke ist es nicht weit bis zum Viktoriapark. Auf einem der vielen Wege »erklimmt« man dann den berühmten Kreuzberg. Vom höchsten Punkt hat man einen super Ausblick über Berlin, vor allem natürlich über Kreuzberg, egal ob bei Tag oder Nacht. Tagsüber kann man ein wenig Ruhe am Wasserfall oder bei einem Picknick finden, vor allem, wenn die Tage wieder wärmer sind.

Wo
Viktoriapark
Großbeerenstraße 52
10965 Berlin Kreuzberg

Info
Wann: 365 Tage im Jahr
Was: Der Kreuzberg ist ein 66 m hoher Hügel im nach

ihm benannten Berliner Ortsteil Kreuzberg

🍴 Fritz Fischer: Blick auf die Spree

Das Restaurant Fritz Fischer bietet moderne Deutsche Küche mit internationalen Einflüssen. Besonders schön sitzt man hier an einem lauen Sommerabend, wenn man draußen isst und trinkt oder es sich in einem Liegestuhl gut gehen lassen kann. Der Blick ist umwerfend, egal, in welche Richtung man schaut. Auch wegen der Sprachenvielfalt an den Nachbartischen hat man das Gefühl, dass Berlin tatsächlich in ist.

Wo
Stralauer Allee 1
10245 Berlin

Info
Wann: Kaffee-Bar Mo–Fr 9–18.30 Uhr, Sa/So 12–18.30 Uhr; Restaurant Mo–Sa 18.30–1 Uhr (Küche bis 23 Uhr)
www.fritz-fischer.de/restaurant.html

Baggerfahren in Herzfelde

Als Kind saß ich oft in meinem Kinderzimmer vor meiner Spielzeugkiste, die bis obenhin mit Autos, Kränen und Baggern vollgestopft war. Im Internet habe ich dann gute 30 Jahre später das Baggerland in Herzfelde entdeckt – und nicht eine Sekunde gezögert, meinen Kindheitstraum wahr werden zu lassen. In einer Stunde habe ich vier Maschinen für große Jungs gebändigt und war richtig enttäuscht, als die Zeit um war.

Wo
Ahornstraße 3
15378 Rüdersdorf bei Berlin
BAR–Barnim

Info
Wie viel: 1 Std. 110,00 € (ab 14 Jahren)
Kontakt: 033434/89 67
www.baggerland.de

66

Im geheimen Bunker unter der Stadt

Die Berliner Unterwelten sind der Wahnsinn. Bei einer Führung durch einen Luftschutzbunker aus dem Zweiten Weltkrieg wurde ein Stromausfall simuliert. Die Finsternis setzte sofort ein, die Frischluft wäre uns nach einigen Minuten ausgegangen. Zum Glück gab es Freiwillige, die den Generator manuell ankurbelten. Eine rundum gelungene Führung mit vielen realistischen Anteilen, humorvollen Erklärungen und doch stets respektvollem Unterton.

Wo	Info	
Treffpunkt je nach Führung unterschiedlich (s. Homepage)	Wie viel: Preise sind auf die einzelnen Touren abgestimmt; Tour 1 (Dunkle Welten) z. B.:	10,00 €, ermäßigt 8,00 €, Kinder 6,00 € www.berliner-unterwelten.de

67

Entspannen: Natur-Therme Templin

Der weite Weg lohnt sich: Eine riesige Natur-Therme lädt zum Erholen und Entspannen ein. Du erkundest erst mal die Badelandschaft mit Grottengang; mehrere bis zu 36 Grad warme Becken lassen dich deinen Stress vergessen und einfach abschalten, egal, ob du es dir im Whirlpool gemütlich machst oder eine Unterwasser-Massage genießt. Und wer immer noch nicht genug hat: Es gibt noch eine Saunalandschaft und eine Massagestation.

Wo	Info	
Dargersdorfer Straße 121 17268 Templin MOL–Märkisch-Oderland	Wann: Mo–So 9–21 Uhr Wie viel: Thermalbad 9,50 € für 2 Std., Kinder 4,50 €	Kontakt: 03987/20 11 00 www.naturthermetemplin.de

Gruseln im Museum der Charité 68

Man muss einmal in der Dauerausstellung der Charité gewesen sein. Ich war einfach sprachlos, so viele Präparate sind hier ausgestellt. Man sieht vom Krebs zerfressene Lungen und andere Krankheiten, die man so im Detail eigentlich gar nicht sehen möchte. Der Anblick eines Präparats schlug mir besonders auf den Magen: ein Dickdarm, der aufgrund einer Verstopfung auf 60 Kilogramm angewachsen war und seinen 32-jährigen Besitzer tötete.

Wo	**Info**	
Berliner Medizinhistorisches Museum, Schumannstraße 20 10117 Berlin Mitte	Wann: Di/Do/Fr/So 10–17 Uhr, Mi/Sa 10–19 Uhr, Mo geschlossen	Wie viel: 5,00 €, ermäßigt 2,50 € Kontakt: 030/450-53 61 22

Auf dem Kult-Dampfer »Moby Dick« 69

Die Kinder waren außer Rand und Band, als ich ihnen verraten habe, was unser Ausflugsziel sein wird. Die Geschichte von Moby Dick hatten wir vorher noch zusammen gelesen. Jetzt wollten sie natürlich unbedingt mit dem Dampfer mit der glänzenden Fischhaut und der Flosse fahren! Und so haben wir dann alle gemeinsam einen sehr schöner Nachmittag im Bauch von Moby Dick, dem »Berliner Wal«, verbracht.

Wo	**Info**	
Wannsee Berlin Zehlendorf	Wann: Fahrplanhinweise s. Homepage	Kontakt: 030/53 63 60-12 oder -29 www.sternundkreis.de

70

Im Quatsch Comedy Club

Man geht im Friedrichstadtpalast einfach eine Steintreppe hinab in ein gemütliches Kellergewölbe und steht schon mittendrin: im Quatsch Comedy Club Berlin! Alle Comedians spielen die Highlights aus ihrem Programm. Viele große Stand-up-Comedians nutzen den intimen Rahmen auch, um eine neue Nummer auszuprobieren! Doch egal, wer auftritt: Der eine oder andere Lachanfall ist garantiert jedes Mal dabei!

Wo
Friedrichstadtpalast 107
Friedrichstraße
10117 Berlin Mitte

Info
Wie viel: Di–Do 23,90 €,
Fr 25,90 €, Sa 25,90 €,
So 20,90 €

www.quatsch-comedy-club.de

71

Batman's Verwandte erleben

Fledermäuse und Flughunde aus nächster Nähe beobachten zu können, ist etwas ganz Besonderes. Ich habe mich daher mit meinen Kindern auf den Weg zur Zitadelle Spandau gemacht. Dort leben Flughunde und Fledermäuse zusammen in einem großen Schauraum. Damit die Fledermäuse zu den Besuchszeiten nicht schlafen, wurde im Fledermauskeller der Tag zur Nacht gemacht. So kann man sie beim Essen und Herumfliegen beobachten.

Wo
Zitadelle Spandau
Zitadelle 1
13599 Berlin Spandau

Info
Wann: Mo–So von 10–17 Uhr
Wie viel: 4,50 €, ermäßigt
2,50 €

Kontakt: 030/36 75 00 61
www.bat-ev.de
www.zitadelle-spandau.de

Berliner Fischmarkt

Man glaubt es kaum: Currywurst, Pfann-kuchen und Fisch! Denn was viele Berliner nicht wissen: Auch die Hauptstadt hat einen Fischmarkt! Und den findet man in Pankow: Hier gibt's frischen oder schon geräucherten Fisch. Und für alle, denen die Zubereitung von Zander, Flunder & Co. zu lang oder zu schwierig erscheint, gibt's außerdem täglich wechselnde und haus-gemachte Gerichte in der Fischbratküche.

Wo	**Info**	
Rothenbachstraße 48 13089 Berlin Pankow	Wann: Mo–Fr 08–19 Uhr, Sa 08–14 Uhr	www.berliner-fischmarkt.de/

 # Grab von The Velvet Underground

Meike, 35, aus Mitte: »Ich bin ein riesiger Fan von The Velvet Underground and Ni-co! Es ist toll, ein so prominentes Grab fast direkt vor der Haustür zu haben. Ich habe mich ziemlich gewundert, als ich zum ers-ten Mal dort war und die braunen Bana-nen und vom Regen aufgeweichten Ziga-retten auf dem Grab gesehen habe. Aber Blumen sind für so einen großen Rockstar wohl wirklich nicht das Richtige!

Wo	**Info**	
Friedhof Grunewald-Forst Schildhornweg 33 14193 Berlin Zehlendorf	Was: Nico alias Christa Päffgen wurde 1988 im Grab ihrer Mutter beigesetzt	Kontakt: 030/902 91 44 82 (Friedhofsverwaltung)

 # Kultfotos aus dem Automaten

Fünfzehn historische Passbildautomaten stehen in Berlin verteilt, unter anderem am Rosa-Luxemburg-Platz, am Kottbusser Tor oder in der Schönhauser Allee am Prenzlauer Berg. Wer also zu Besuch in Berlin ist, sollte nicht vergessen, als An-denken einen dieser charmanten Foto-streifen mit nach Hause zu nehmen. Oft muss man lange davor warten. Aber für den Preis lohnt sich das!

Wo	**Info**	
z. B. Schönhauser Allee 63 10437 Berlin Prenzlauer Berg	Wie viel: 4 Aufnahmen 2,00 € Kontakt: 0177/665 53 33 (Asger Doenst)	kontakt@photoautomat.de www.photoautomat.com

75

Himmlische Aussicht vom Belvedere

Das Belvedere ist der schönste Aussichtspunkt von Potsdam. Von den Türmen bietet sich ein umwerfender Blick auf die grüne Umgebung. Bei gutem Wetter kann man bis zum Alex sehen. Ein Ausflug zum Belvedere lässt sich übrigens auch bestens mit einem Besuch der Gasthaus-Brauerei »Meierei im Neuen Garten«, idyllisch direkt am Wasser gelegen, verbinden. Schloss Cecilienhof und die russische Siedlung »Alexandrowka« sind auch nicht weit.

Wo
Am Pfingstberg
14469 Potsdam
P–Potsdam

Info
Wann: April/Mai/Sept./Okt.
10–18 Uhr, Juni/Juli/Aug.
10–20 Uhr, März/Nov. nur

Sa/So 10–16 Uhr
Wie viel: 3,50 €, ermäßigt
2,50 €

76

Cabrio-U-Bahn: Nacht-Tunnelfahrt

Los geht's am U5-Bahnsteig im U-Bahnhof Alexanderplatz. Eine Diesellok mit drei offenen U-Bahn-Cabrio-Waggons fährt ein. Am Bahnsteig warten bereits 150 U-Bahn- und Tunnel-Freaks. Aus Sicherheitsgründen muss jeder einen Schutzhelm aufsetzen. Ein Moderator erklärt die Besonderheiten von Berlins U-Bahn-Tunnel und hat jede Menge spannender Geschichten zur ältesten U-Bahn der Welt parat.

Wo
Alexanderplatz
10178 Berlin Mitte

Info
Wie viel: 40,00 €, Mindestalter
18 Jahre

Kontakt: 030/25 62 52 56
U-Bahn-Cabriotour@bvg.de

Gedenkstätte Hohenschönhausen

Es ist ein beklemmender Ort voller Geschichte und Geschichten des Leids: die Stasi-Gedenkstätte Hohenschönhausen. In der Haftanstalt wurden von 1945 bis 1990 politische Gefangene inhaftiert. Menschen, die offen ihre Meinung gegen das DDR-Regime sagten. Das Besondere an den Führungen heute: Jeder Interessierte wird in der Regel von einem ehemaligen Inhaftierten geführt, der aus seinem damaligen Haftalltag berichtet.

Wo	**Info**	
Genslerstraße 6 13055 Berlin Hohenschönhausen	Wann: Tägl. 9–18 Uhr (Gruppenführungen nur nach vorheriger Anmeldung	Wie viel: 4,00 € Kontakt: 030/98 60 82-30 (-32) www.stiftung-hsh.de

Wochenmarkt am Winterfeldtplatz

Wir finden, dass der Markt am Winterfeldtplatz in Schöneberg Berlins schönster Wochenmarkt ist. Schon beim Betreten des Marktes steigen angenehme Düfte in die Nase. Neben Kräutern, Fisch, Fleisch, Gemüse und Obst findet man hier noch jede Menge anderer Leckereien. Am besten, man geht ohne gefrühstückt zu haben los und nascht dann ganz spontan. Die Atmosphäre des Marktes ist einfach fantastisch!

Wo	**Info**	
Winterfeldtplatz 10781 Berlin Schöneberg	Wann: (Fast jeden) Mi und Sa Kontakt: 0175/437 43 03 (Marktverwaltung, Standan-	meldung) http://winterfeldt-markt.de/

79 Ritterfest in der Zitadelle Spandau

Einmal im Jahr ist Ritter-Spectaculum in der Zitadelle Spandau – nämlich immer zu Ostern. Dann kann man dort so ziemlich alles finden, was wir so mit der Epoche des Mittelalters verbinden. Neben leckerem Essen und witziger mittelalterlicher Dudelsack-Musik kann man sich beispielsweise zum ersten Mal am Bogenschießen versuchen – gar nicht so schwer, wie man vielleicht denkt. Ein rundum tolles Spektakel für Groß und Klein!

Wo	Info	
Zitadelle Spandau Zitadelle 1 13599 Berlin Spandau	Wann: Sa/So/Mo zu Ostern 10–20 Uhr Wie viel: Kinder bis 5 Jahre frei,	bis 14 Jahre 5 Silberstücke (Sst.), Ritter/Edelleute 9 Sst., Familienkarte 20 Sst. Wegezoll

80 Die Flaeming-Skate berollen

Für schönes Wetter und Kinder ist es immer wieder großartig, so ein tolles Gelände direkt vor der Tür zu haben. Im Sommer sind es die besten Ausflüge für Familien samt Kids und Haustieren. Die Flaeming-Skate im Landkreis Teltow-Fläming ist dafür bestens geeignet! Also nichts wie hin zum Osterferiencamp oder Tag der offenen Tür (April), zur 10-Jahrestour RK1 (Mai), dem 7. Kids-Skate-Day (Juni) oder, oder, oder ... einfach nur so.

Wo	Info	
Teltow TF–Teltow-Fläming	Wo: Ca. 50 km vor den Grenzen Berlins; Einstiegspunkte: u. a. Luckenwalde, Jüterbog	Kontakt: 033204/628 70 www.flaeming-skate.de

Teeverkostung im Salon

»Gehen wir noch einen Kaffee trinken?« … Ständig nur diese braune Plörre? Nicht im Teesalon – ganz im Gegenteil: Hier macht es besonders viel Spaß, ganz besondere Teesorten zu probieren und ein paar Infos dazu zu bekommen über dieses vielfältige, facettenreiche, enorm spannende und köstliche Getränk. Inhaberin Kristine Mager berät ihre Kunden mit viel Liebe zum Detail und jeder Menge Fachwissen, portionsweise dosiert.

Wo	**Info**	
Invalidenstraße 160	Wann: Mo–Fr 12–19 Uhr,	Platz (U8)
10115 Berlin Mitte	Sa 10–16 Uhr	Kontakt: 030/28 04 06 60
	Wo: U-Bahnhof Rosenthaler	www.berliner-teesalon.de

Wolfsnacht in der Schorfheide

Ideal für einen Ausflug am Wochenende ist der Wildpark Schorfheide. Für Kinder das Größte: Es gibt tolle Tiere zu bestaunen, allesamt Wildtiere, die in der Schorfheide heimisch sind (oder waren – zum Teil in freier Wildbahn bereits ausgestorben). So kann man Fischotter sehen, bei einer Otterfütterung zugucken; außedem gibt es Wildschweine, Wölfe, Elche, Wildpferde, Rotwild und vieles mehr. Alles in allem ein sehr lehrreicher Ausflug für alle.

Wo	**Info**	
Prenzlauer Straße 16	Wann: Tägl. 9–19 Uhr, letzter	Kinder unter vier Jahren frei
16244 Schorfheide	Einlass bis 17 Uhr	www.wildpark-schorfheide.de
	Wie viel: 5,50 €, ermäßigt 4,50 €,	

83

Nackte Frauen am Zoo begaffen

Gleich gegenüber vom Zoo ist im Museum für Fotografie mit dem Einzug der Helmut Newton Foundation ein echter Publikumsmagnet entstanden. Zu sehen sind die seit Jahren erfolgreiche Präsentation „Helmut Newton's Private Property" und Ausstellungen zum Werk des berühmten Fotografen und seiner Weggefährten. Die Fotos von Helmut Newton sind immer ein Hingucker. Mehr braucht man an dieser Stelle nicht zu sagen!

Wo
Museum für Fotografie
Jebensstraße 2
10623 Berlin Charlottenburg

Info
Wann: Di–So 10–18 Uhr,
Do 10–22 Uhr
Wie viel: 8,00 €, ermäßigt 4,00 €

Kontakt: 030/31 86 48 25
www.berlin.de/orte/mu-
seum/museum-fuer-fotografie/

84

Maibock-Anstich im »Weißen Röss'l«

In Lichterfelde gibt es einen Ort, an dem man einfach gewesen sein muss … bei einem richtig frischen Bier und einem kleinen Plausch mit der Chefin. Es ist schön gemütlich und familiär im Weißen Röss'l, einer der traditionsreichsten Adressen Berlins. Langjährige Stammgäste bekommen hier sogar einen eigenen Krug mit eingraviertem Namen! Und die Portionen sind ordentlich, da wird auch der stärkste Mann satt!

Wo
Heinersdorfer Straße 1
12209 Berlin Steglitz

Info
Wann: Tägl. 8–24 Uhr,
Warme Küche 12–23 Uhr

Kontakt: 030/772 30 30
www.weissesroessl-berlin.de

Ebenfalls erhältlich ...

ISBN 978-3-7654-4931-4

85

Ein Sonntag in der Bar 25

Nach einer Party, es war morgens gegen 6 Uhr, meinte meine Freundin mal zu mir: »Lass uns noch in die Bar 25 gehen!« Das haben wir dann auch gemacht. Definitiv war das die beste Idee überhaupt. Eine so tolle Outdoor-Party habe ich nie wieder erlebt! Ich hab' mich gefühlt wie Alice im Wunderland in dieser Bar-Restaurant-Hütte am Strand unter halbfreiem Himmel. Und gefeiert haben wir bis Montagmorgen!

Wo
Holzmarktstraße 25
10243 Berlin Friedrichshain

Info
Wann: Di–Sa ab 16 Uhr,
So 25 (!) Std.

Kontakt: 0172/449 40 58
www.bar25.de

86

Baumblütenfest in Werder

Maria, 29, aus Hohenschönhausen: »Ich glaube, mit sechs Jahren war ich zum ersten Mal dort und seitdem jedes Jahr wieder! Schon mit der Zugfahrt nach Werder beginnt für mich ein toller Tag. Wir sind immer eine große Truppe und fangen bereits im Zug zu singen an. Kaum sind wir angekommen, holen wir uns beim ersten Stand eine Flasche Erdbeerwein. Egal, welchen Obstwein man kauft, es schmecken wirklich alle!

Wo
Eisenbahnstraße 13
14542 Werder (Havel)
PM–Potsdam-Mittelmark

Info
Wann: 28.4.– 6.5.2012
Wer: Stadt Werder
(Veranstalter)

Kontakt: 03327/783-0
www.baumbluete.de

Ein Besuch im Tranxx-Schwebebad 87

Das Tranxx Floatcenter lässt die Illusion vom Schweben Realität werden: in einer geschlossenen Pyramide, die mit Salzwasser aus dem totem Meer und pflegenden Ölen gefüllt ist. Beruhigende Unterwassermusik im Hintergrund lässt dich entspannen. Danach noch eine Massage, und das Wohlbefinden ist an seinem Höhepunkt. Muss man definitiv mal getan haben.

Wo	Info	
Akazienstraße 27	Wann: Mo–So 10–22 Uhr	30,00 €/30 Min.
10823 Berlin Schöneberg	Wie viel: Schwebebad	Kontakt: 030/78 95 51 53
	49,00–109 €/Std., Massage	www.tranxx.de

 ## Stimmung im Sanatorium 88

Die großen Glasfronten dieser Bar wirken einladend. Live-DJs legen oft bis in die frühen Morgenstunden auf, die Gäste schlürfen liegend ihre Drinks oder tanzen. Lars, 27, Moabit: »Ich habe viele Freunde, mit denen ich mich regelmäßig im Sanatorium treffe. Wir nutzen die Bar hauptsächlich, um in Stimmung zu kommen. Mittlerweile ist so ein richtiger Kumpeltreff für uns daraus geworden!«

Wo	Info	
Frankfurter Allee 23	Wann: »Patientenaufnahme«	Kontakt: 030/42 02 11 93
10247 Berlin Friedrichshain	ab 17 Uhr, DJs ab 21 Uhr	www.sanatorium23.de

 ## Das Kind-im-Mann entdecken 89

Das Kind-im-Manne entdecken: Das können Väter im »Papaladen« in Prenzlauer Berg! Vom Experimentieren und Zaubern über das Mitmachtheater und Kickerturniere gibt's hier reichlich Angebote für Väter und Kinder! Beliebt ist im Winter auch das Weihnachtsbaum-Schlagen mit Papa, Kind und dem Weihnachtsmann in Erkner! P.S.: Mütter sind im Väterzentrum auch herzlich willkommen!

Wo	Info	
Marienburger Straße 28	Wann: Täglich. Insbesondere	staltungen geworden.
10405 Berlin	die Eventveranstaltungen sind	http://vaeterzentrum-
Prenzlauer Berg	zu beliebten Familienveran-	berlin.de/

90 Über den Dächern Berlins dinieren

Wer die Stresemannstraße entlangläuft und das große Hochhaus gegenüber dem Anhalter Bahnhof sieht, der denkt nicht unbedingt an eine Panorama-Bar. Doch wer essen möchte, ist im Solar bestens aufgehoben. Wem der Sinn nach Cocktails steht, der sollte noch eine Etage höher gehen – dort befindet sich der Loungebereich. Es ist eine faszinierende Mischung aus Blick über Berlin, Club-Atmosphäre und guten Cocktails.

Wo
Solar
Stresemannstraße 76
10963 Berlin Mitte

Info
Wann: So–Do 18–2 Uhr,
Fr/Sa 18–4 Uhr

Kontakt: 0163/765 27 00
www.solarberlin.com

91 Zum Eingriff in die Notaufnahme

Bei der Notaufnahme handelt es sich um einen der angesagtesten Szene-Friseure Berlins: Elektro-Musik vom Live-DJ, Wartezimmer mit echten Krankenhausbetten … und natürlich alles in Rot-Weiß gehalten. Ein Termin in der Notaufnahme ist nicht nur aufregend, sondern verschönert dabei auch noch! Das tolle Team versteht sein Handwerk. Alles in allem wirklich mal ein interessantes Friseur-Salon-Konzept!

Wo
Kastanienallee 29
13158 Berlin Prenzlauer Berg

Info
Wann: Mo–Fr 9–21 Uhr, Sa
9–18 Uhr, So auf Anfrage
(Nachtglocke)

Kontakt: 030/30 11 24 60
www.notaufnahme-berlin.de

Gipsy-Abend in Clärchens Ballhaus

Jeden Donnerstag spielt eine Zigeuner-Band jazzige Rhythmen auf Geige, Gitarre und Kontrabass, während die Gäste Entrecôte, Pizza oder einfach nur Wodka genießen. Uschi, 40, Hohenschönhausen: »Ich bin absoluter Fan vom Gipsy-Abend! So eine tolle Stimmung bekommt man selten geboten! Hab' mich gefühlt wie in den 20er-Jahren. Dieser Spiegelsaal ist ein sehr beeindruckender Raum, und mit Musik dazu ist es einfach ein tolles Erlebnis!«

Wo	**Info**	
Auguststraße 24	Wann: Tägl. ab 10 Uhr–open	Kontakt: 030/282 92 95
10117 Berlin Mitte	end, Warme Küche	www.ballhaus.de
	12.30–23.30 Uhr	

Wie die Könige im Park Sanssouci

Hat man einmal einen Tag Zeit, sollte man sich unbedingt auf den Weg nach Potsdam zum Park Sanssouci machen. Als ich das erste Mal da war, war ich vom Muschelsaal im Neuen Palais sehr beeindruckt. Erst auf den zweiten Blick fällt einem auf, dass der ganze Raum mit Muscheln verziert ist! Hat man sich vorher den Rest des großen Parkes mit seinen Gebäuden angeschaut, bildet der Muschelsaal den krönenden Abschluss eines prächtigen Tages.

Wo	**Info**	
Maulbeerallee	Wann: Neues Palais Mi–Mo	Okt. Di–So 10–18 Uhr
14469 Potsdam	10–17 (April–Okt. –18) Uhr;	www.sanssouci-
P-Potsdam	Orangerie April Sa/So, Mai–	sightseeing.de

94

Scherzartikel von Deko Behrendt

Wer mal richtig Fasching oder Halloween oder ganz einfach ein ungewöhnliches Fest oder eine gelungene Party feiern will, der ist hier richtig. Deko-Behrendt – wenn man nach einer Viertelstunde In-der-Schlange-stehen endlich im Laden angekommen ist, wird einem klar, warum man hier mal her muss. Die Vielfalt an Masken, Kostümen und Scherzartikeln macht die Kostümwahl alles andere als einfach.

Wo
Hauptstraße 18
10827 Berlin Schöneberg

Info
Wann: Mo–Fr 10–19 Uhr,
Sa 10–14 Uhr

Kontakt: 030/781 49 06
www.deko-behrendt-berlin.de

95

Der Kinderbauernhof Pinke-Panke

Inmitten Altberliner Bauten steht ein kleines Fachwerkhaus. Drumherum: Gehege mit Minischwein, Ziege und Co. Kids sind total begeistert von dem Bauernhof … am liebsten streicheln sie die Esel und Katzen oder sitzen um das große Lagerfeuer herum. Hier können sie mit anderen Kindern rumtollen und lernen dabei auch noch richtig viel! Ich kann allen Eltern nur empfehlen, mal einen Ausflug zum Kinderbauernhof zu machen!

Wo
Am Bürgerpark 15
13156 Berlin Pankow

Info
Wann: Mo–Fr 12–18 Uhr
Kontakt: 030/47 55 25 93

www.kinderbauernhof-
pinke-panke.de

Im Erholungspark Marzahn verirren

Am besten ist es, sich mit der Familie gleich ein Jahresticket zu holen, denn bei den zahlreichen Veranstaltungen in den Gärten der Welt lohnt sich das wirklich. Die Kids können in Ruhe spielen, und Mama und Papa gönnen sich eine kleine Auszeit. Der aus Eibenhecken bestehende Irrgarten ist ein Muss! Ihm wurde ein gepflastertes Labyrinth gegenübergestellt, um den Besuchern den Unterschied beider Anlagen erfahrbar zu machen.

Wo
Eisenacher Straße 99
12685 Berlin Marzahn

Info
Wann: Gärten der Welt tägl.
ab 9 Uhr
Wie viel: Tageskarte 2,00 €,

Kinder bis 14 Jahre 1 €,
Jahreskarte 20 €, Kinder 10 €
www.gruen-berlin.de

 # Entspannen: SeeLodge Kremmen

Das Haupthaus steht auf 64 Pfählen im See und wurde 1993 als Restaurant und Seehotel ausgebaut. Es gibt mehrere Doppelzimmer, ein Appartement sowie zwei Suiten. Die Küche ist sehr gut, brandenburg-typisch und wechselt wöchentlich. Eine Besonderheit ist das sogenannte Haken-Geld: Wer sich den Fisch selber fängt, kann ihn vom Küchenchef gegen einen kleinen Preis zubereiten lassen. Die SeeLodge: ein Ort zum Ausspannen und Kraft-Tanken.

Wo
Zum See 4a
16766 Kremmen
OHV–Oberhavel

Info
Wann: Nach der Winterpause
wieder ab April 2012 geöffnet

Kontakt: 033055/220 80
www.seelodge.de

98 Schnitzel-Essen im Borchardts

Im Borcherts kann man wirklich unglaublich viele Promis treffen: Politiker, Wirtschaftsbosse, Medienleute, Stars … Als ich einmal dort war, saßen wir einfach schräg gegenüber von Dustin Hoff-mann – ein unglaubliches Gefühl, neben solchen Berühmtheiten sein Schnitzel zu essen! Ein Autogramm haben wir dann aber doch nicht geholt. Auch Schauspieler wollen schließlich mal in Ruhe essen.

Wo	Info	
Französische Straße 47 10117 Berlin Mitte	Wann: Tägl. 11.30–24 Uhr, Küche 12–24 Uhr Wo: U-Bahnhof Französische	Straße (U6), Bus TXL, 100, 147, 200 Kontakt: 030/81 88 62 62

99 Eigener Schmuck aus der »Perlerei«

Die »Perlerei« ist ein Ort, an dem Bastelfreunde für kleines Geld Ohrringe, Ketten und Armbänder selber herstellen können. Tina, 25, Lichtenrade: »Als ich ein Geschenk zum Geburtstag meiner Schwester suchte, hat mich eine gute Freundin auf die Perlerei gebracht. Seitdem bin ich hier immer wieder, um Freunden oder auch mir selber schönen Schmuck zu kreieren!

Wo	Info	
Lenbachstraße 7 10245 Berlin Friedrichshain	Wann: Di–Fr 12–20 Uhr, Sa 12–18 Uhr, So 13–18 Uhr Was: Schmuckladen &	Perlenwerkstatt www.perlerei.de

100 Das Schöneberger Südgelände

Vier Stationen vom Potsdamer Platz entfernt liegt das »Schöneberger Südgelände«, ein alter Rangierbahnhof, der jetzt ein Naturschutzgebiet ist. Konstanze, 30, Schöneberg: »Mein Freund und ich sind vollauf begeistert! Oft kommen wir nach der Arbeit her, um einen kleinen Spaziergang zu machen und abzuschalten. Die Dialektik zwischen rostigen Schienen und blühender Natur ist einfach wundervoll!«

Wo	Info	
Priesterweg 10829 Berlin Schöneberg	Wann: Tägl. 9 Uhr–Abend-dämmerung Wo: S-Bahn 2 oder 25,	Bus 170, M76 und X76 www.bi-suedgelaende.de

Ausblick von der Bundestag-Kuppel

Sie ist rund 23 Meter hoch, 40 Meter breit und mehr als acht Tonnen schwer – die Kuppel auf dem Deutschen Bundestag. Und sie lohnt sich auch für Politik-Muffel, denn von hier oben sieht man zum einen die Parlamentssitze und hat zum anderen einen Wahnsinnsblick über die Stadt: vom Tiergarten über das Brandenburger Tor bis zum Fernsehturm am Alex. Wichtig: Alle Besucher müssen sich mindestens zwei Werktage vorher anmelden.

Wo
Platz der Republik 1
10557 Berlin

Info
Wann: Tägl. 8–24 Uhr,
letzter Einlass 23 Uhr
(mindestens zwei Werktage

vorher anmelden)
Wie viel: Kostenlos
www.bundestag.de

289: Boulevard der Stars

Ein Stück Hollywood gibt's auch in Berlin. Denn die Hauptstadt hat ihren eigenen Walk of Fame – den »Boulevard der Stars« am Potsdamer Platz. Promis wie Romy Schneider, Hildegard Knef, Bernd Eichinger, Marlene Dietrich, Klaus Kinski und viele andere wurden hier in Sternform verewigt. Und so kann man den deutschen Stars und Sternchen ganz nah sein – auch wenn sie einem nicht zufällig in der Stadt über den Weg laufen.

Wo
Potsdamer Straße
10785 Berlin

Info
Wann: Rund um die Uhr; besondere Events s. Homepage
Kontakt: 030/634 99 55-0

http://boulevard-der-stars-
berlin.de/

103 Spree-Rundfahrt

Berlin hat mehr Brücken als Venedig – klingt komisch, is' aber so! Und genau die kann man nicht nur zu Fuß erkunden, sondern auch per Boot. Wer jetzt nicht rein zufällig so was in der Garage stehen hat, sollte unbedingt mal in Höhe des Doms auf einen der vielen Ausflugsdampfer steigen. Durch das große Angebot sind sie sogar recht günstig. Auf der Spree geht's dann vorbei am Berliner Dom, am Kanzleramt, am Pergamonmuseum …

Wo
Reederei Spreetours
Geinsheimer Weg 37
12559 Berlin

Info
Wann: Tägl. Fahrten ab 10.30 Uhr, letzte Fahrt ab 17.45 Uhr
Wie viel: 12,50 €, Kinder: 5,00 €

Kontakt: 030/47 03 38 80
www.spreetours.de/

104 Den Leberwurstbaum besuchen

In der Glaskuppel des Gewächshauses im Botanischen Garten sind skurrile Pflanzen wie »Prinzessin der Nacht«, »Paradiesvogelblume« oder »Leberwurstbaum« – ein grüner Baum mit Früchten, die aussehen wie Leberwürste – beherbergt. Man kann dort einen ganzen Tag verbringen und entdeckt sicherlich bei jedem Besuch wieder etwas Neues, schließlich gehört der Botanische Garten zu den größten und bedeutendsten der Welt.

Wo
Königin-Luise-Straße 6
14195 Berlin Zehlendorf

Info
Wann: Tägl. 9–16/17/18/29/21 Uhr (nach Monaten gestaffelt))

Kontakt: 030/838 50 100
www.botanischer-garten-berlin.de

Tagträumen im Club der Visionäre $\qquad$ **105**

Ein altes Häuschen am Kanal, in dem die Bar, das DJ-Pult und die Tanzfläche untergebracht sind. Zu Elektro-Klängen kann man hier ab mittags ein kühles Bier genießen. Am Wochenende ist es manchmal etwas zu voll und es kostet dann auch schon mal Eintritt, wenn ein bekannter DJ auflegt. Dann kann man aber mit einem Boot von der Wasserseite aus kommen und anlegen!

Wo	**Info**	
Am Flutgraben 1	Wann: Mo–Fr ab 14 Uhr,	Kontakt: 030/69 51 89 44
12435 Berlin Treptow	Sa/So ab 12 Uhr	www.clubdervisionaere.com

 ## Lesung der »Surfpoeten« $\qquad$ **106**

Die Surfpoeten sind eine Gruppe von sechs Autoren und einem DJ. In immer etwas unterschiedlicher Konstellation berichten sie mitten aus dem Leben. Mirko, 24, Wedding: »Auf die Surfpoeten bin ich durch einen Freund gekommen. Die Texte sind echt witzig, und man kann sich immer selbst ein Stück darin wiederfinden! Jetzt gehe ich fast jede Woche hin! Vier Euro Eintritt sind auch ein guter Preis.«

Wo	**Info**	
Restaurant Pfefferberg	Wann: Immer Mi 21 Uhr	www.surfpoeten.de
Schönhauser Allee 176	Wie viel: 4,00 €	www.pfefferberg-haus13.de
10119 Berlin	Wo: Poolarea – Pfefferberg	

 ## Sonntags im Thai-Park chillen $\qquad$ **107**

Direkt am U-Bahnhof Fehrbelliner Platz gibt es einen kleinen Park, in dem sich jeden Sonntag viele in Berlin lebende Thailänder zum Picknick treffen. Ab dem späten Vormittag trudeln die ersten Besucher auf der großen Wiese ein, und dann wird feinste Thai-Küche frisch zubereitet – die man auch als Nicht-Thailänder vor Ort kaufen kann. Multikulti zum Anfassen.

Wo	**Info**	
U-Bahnhof Fehrbelliner Platz	Wann: Jeden So	börse (Fischsuppe gegen Chilisauce), inoffiziell wird für die
10707 Berlin Wilmersdorf	Was: Thailändische Küche	Gerichte bezahlt
	Wie viel: Offiziell eine Tausch-	

108 Mittags im Guggenheim Museum

Mit »Lectures« bietet das Deutsche-Guggenheim-Museum Führungen der besonderen Art. So gibt es kostenlose »Daily Lectures« oder »I Like Mondays Lectures« (Kurzführungen). Kulinarisch reizvoll sind darüber hinaus die »Lunch Lectures«, halbstündige Museumsführungenmit anschließendem Mittagessen, das zum jeweiligen Thema der Ausstellung passt. Kunst kurz und knapp erklärt und mit leckerem Essen verbunden!

Wo
Unter den Linden 13
10117 Berlin Mitte

Info
Wann: Lunch Lecture Mi 13 Uhr, Öffnungszeiten tägl. 11–20 Uhr, Do 11–22 Uhr

Kontakt: 030/202 09 30
www.deutsche-guggen-heim.de

109 Menschenzoo auf der Casting-Allee

Die Kastanienallee im Prenzlauer Berg wird nicht umsonst auch »Casting-Allee« genannt. Berliner Trendscouts strecken hier ihre Fühler aus, Paparazzi lauern rund um die Uhr auf Promis, und schicke Mitte-Bewohner tragen die neuesten Kreationen der umliegenden Boutiquen. Echt kuriose Gestalten kommen einem da entgegen … Super kann man im Schwarzsauer die Leute beobachten – da ist auch spät nachts noch was los!

Adresse
Kastanienallee
10435 Berlin Prenzlauer Berg

Info
Wann: Rund um die Uhr, wann immer man Zeit und/oder Lust hat

Wie viel: Kostenlos

Die älteste Moschee Deutschlands

Wie aus 1001 Nacht sieht das weiße Gotteshaus aus. Die älteste noch aktive Moschee Deutschlands lädt Besucher jeder Religion regelmäßig zu verschiedensten Veranstaltungen ein. Für Besucher werden gerne Führungen angeboten. 1922 initiierte der Inder Maulana Sadr-ud-Din den Bau der Berliner Moschee. Seit 1928 ist hier Deutsch die Sprache für Predigten und Vorträge. Im Zweiten Weltkrieg ist die Moschee weitgehend erhalten geblieben.

Wo
Brienner Straße 7
10713 Berlin Wilmersdorf

Info
Wann: Führungen nach Vereinbarung; geöffnet nur am Tag des offenen Denkmals

und am Tag der offenen Moschee am 3. Okt.
Kontakt: 030/873 57 03

Zeitreise im Rosinenbomber

Ich kannte den Rosinenbomber nur aus Erzählungen meiner Großeltern, die die Blockade Berlins miterleben mussten. Mein Opa stand als kleiner Junge während der Luftbrücke immer in der Einflugschneise des Flughafens Tempelhof, um einen der kleinen Süßigkeiten-Fallschirme des »Candyman« aufzufangen. Zum 80. Geburtstag habe ich ihm dann einen Flug in genau so einem Rosinenbomber geschenkt – er war begeistert.

Wo
Platz der Luftbrücke 5
12101 Berlin Tempelhof

Info
Wann: April–Okt., Abflugs-/Veranstaltungszeiten s. Homepage

Kontakt: 030/53 21 53 21
www.air-service-berlin.de

112 Ein Rundgang über Berlin

Mitten in Schöneberg steht der Gasometer, der höchste Rundgang über Berlin. Er sieht aus wie ein 80 Meter hohes Baugerüst. Nach 30 Metern haben die Ersten zittrige Knie, nach 60 wollen viele umdrehen. Doch wer sich ganz nach oben traut, wird belohnt. Marc, 27, Wilmersdorf: »Wer Berlin von oben sehen möchte, aber etwas mehr Nervenkitzel braucht, als mit dem Fahrstuhl den Fernsehturm hochzufahren, ist hier genau richtig!«

Wo
Gasometer Schöneberg
Torgauer Straße 18
10829 Berlin Schöneberg

Info
Wie viel: Ca. 30,00 €
Kontakt: 030/20 60 70 83 90
(Nadine Zache)

www.berlin-gasometer.de
www.climb-berlin.com

113 Kahnfahrt durch den Spreewald

Bei einer Kahnfahrt durch den Spreewald kann man schnell von der Hektik des Alltags ausspannen und ganz einfach nur die Natur genießen. Vögel zwitschern, das Wasser zieht an einem vorbei. Es ist völlig ruhig, daher fällt das Paddeln nicht so schwer. Während man so in seinem Kajak sitzt, kann man die idyllische Landschaft auf sich wirken lassen. Einfach herrlich und trotz der sportlichen Aktivität erholsam!

Wo
03222 Lübbenau/Spreewald
LOS–Oder-Spree

Info
Wo: Start in Lübbenau
Kontakt: 035/42-22 25
(Kahnfahrten, Beratung

und Reservierung)
www.grosser-spreewald-
hafen.de

Nase an Nase mit Haien im Sea Life

Das Highlight im Sea Life ist der sechs Meter lange Unterwassertunnel und der Aquadom, ein 25 Meter hoher Zylinder, wo die Besucher mit einem Aufzug durch die Fischwelt fahren. Martina, 43, Spandau: »Meine Tochter hat sich schon sehr lange gewünscht, einmal im Sea Life die Fische anzugucken. Und auch wenn die Preise ganz schön deftig sind und man lange Wartezeiten einkalkulieren muss – uns hat es sehr gut gefallen!«

Wo	**Info**	
Spandauer Straße 3	Wann: Tägl. 10–19 Uhr,	Kontakt: 030/99 28 00
10178 Berlin Mitte	letzter Einlass 18 Uhr	www.visitsealife.com/Berlin/
	Wie viel: Ca. 15,00 €	

Aldemir Eis

In Kreuzberg gibt es eine Eisdiele, wo bei gutem Wetter die Schlange bis auf die andere Straßenseite reicht. Aldemir Eis wirkt von außen wie ein Kiosk. Es gibt keinen Innenbereich, das Eis und der Kaffee werden durchs Fenster gereicht. Jan, 27, Kreuzberg: »Das Eis ist wirklich das beste hier in Kreuzberg. Die Kugeln sind richtig schön groß. Und das Beste: Die Waffeln dort sind selbst gebacken! Meine absolute Lieblingssorte ist Quark-Sesam-Honig.«

Wo	**Info**	
Falckensteinstraße 7	Wann: März–Sept. tägl.	Wie viel: 0,90 € pro Kugel
10997 Berlin Kreuzberg	10–24 Uhr	Kontakt: 030/611 83 68

116 Karneval der Kulturen

Beim Karneval der Kulturen präsentieren fast 5000 Teilnehmer aus 80 Nationen ihre traditionelle Musik, wilde Tänze und farbenprächtige Kostüme. Ahmed, 24, Kreuzberg: »Ich freue mich jedes Jahr auf den Karneval der Kulturen. Immer wieder kann man hier richtig gute Bands entdecken und besonderes Essen probieren. Der Umzug ist natürlich dabei das Highlight!« 2012 findet er am 27. Mai statt, das Straßenfest vom 25. bis zum 28. Mai.

Wo	Info	
Neuköln	Wann: Jedes Jahr am letzten Mai-Wochenende	(Start) – Hasenheide – Gneisenaustraße – Yorckstraße
10967 Berlin Neukölln	Strecke: Hermannplatz	www.karneval-berlin.de

117 Pfaueninsel: Ausschau nach Pfauen

Die Pfaueninsel liegt im Berliner Teil der Havel und ist problemlos mit der Fähre zu erreichen. In den Sommermonaten können Besucher die freilaufenden Pfaue in ihrem natürlichen Lebensraum beobachten. Weit weg vom Straßenverkehr können die Kinder ohne Gefahr spielen, und die schöne Landschaft bietet uns allen Erholung. Mit einem Picknickkorb gewappnet, macht man sich schöne Stunden auf der Insel.

Wo	Info	
Pfaueninselchaussee 100	Wann: Wirtshaus Di–So 10–18 Uhr, Schloss Di–So 10–17 Uhr	Kontakt: 030/805 22 25
14109 Berlin Zehlendorf		www.pfaueninsel.de

⚠️ Fahrrad im ersten U-Bahn-Wagen

Eine aufregende U-Bahnfahrt gefällig? Dann einfach das Rad in den vordersten Teil des ersten Wagens schieben und abwarten, was so durch den Lautsprecher tönt. Mario, 25, Köpenick: »Ich nehm' immer mein Rad mit in die Bahn, weil das morgens schneller geht. Anfangs habe ich als Zugezogener so meine Erfahrungen mit der BVG machen müssen. Heute steige ich in die hinteren Wagen ein. Aber manchmal muss es doch mehr Adrenalin sein …«

Wo	**Info**	
Jede U-Bahnstation innerhalb von Berlin	Wann: Solange die U-Bahnen fahren; besonders empfehlenswert während der mor-	gendlichen Rushhour www.bvg.de

Mit dem Segway-Roller fahren

Ein kleines, elektrisches Fahrzeug mit zwei Rädern, einer Plattform zum Draufstehen und einer Stange mit Griff: Gas geben auf den vielen freien Flächen um Berlins Sehenswürdigkeiten. Steffen, 30, Moabit: »Segway wollte ich schon immer mal fahren. Nachdem ich in Fernsehsendungen darauf aufmerksam wurde, wollte ich alle Berlin-Besucher dazu bringen, sich die Stadt damit anzusehen. Das bringt definitiv mehr Fun!«

Wo	**Info**	
Nestorstraße 55 10709 Berlin Wilmersdorf	www.movingaction.de www.segwaypoint-berlin.de	www.segtour-berlin.de www.segway-citytour.de

120 Im Olympischen Dorf in Elstal

Das Olympische Dorf ist keinesfalls nur ein verlassener, verwilderter Ort – hier fand Weltgeschichte statt. Aufgrund von Plünderungen ist von manchen Gebäuden leider teilweise nur noch das Fundament erhalten geblieben. Doch die Turnhalle, das Speisehaus »Haus der Nationen« und das Kulturhaus »Hindenburghaus« sind noch in relativ gutem Zustand. Bei einer Führung werden diese besichtigt – Gänsehaut-Feeling inklusive.

Wo
Ernst-Walter-Weg 40
14641 Wustermark
HVL–Havelland

Info
Wann: Führungen jeden ersten Sa im Monat 10 Uhr und 14 Uhr

Kontakt: 033234/862 77
www.historia-elstal.de/
olympisches-dorf/

121 Grillparty mitten auf dem Wasser

Ob mit Familie, Freunden oder Kollegen – die knallorangen Bötchen fassen bis zu zehn Mann! So haben alle bequem Platz. Die Kids haben irre Spaß und der Grill in der Mitte des Boots ist ein absolutes Highlight! Auch wenn einem mal etwas schwindlig werden kann, wenn die Umdrehungen im Bier mit denen des Boots wetteifern … die Grillboote kann man nur weiterempfehlen! Übrigens: Die Boote können ohne Führerschein gefahren werden.

Wo
Fürstenwalder Damm 838
12589 Berlin Köpenick

Info
Wo: Müggelsee, Spree in Treptow, Kremmener See, Wannsee

Kontakt: 030/43 02 82 96
www.grill-boot.de

Sunset auf der Modersohnbrücke

Da die Modersohnbrücke relativ wenig Verkehr führt, kann man es sich hier gemütlich machen und der Sonne beim Untergehen zusehen. Michael, 25, Friedrichshain: »Die-se Industrieromantik, gekoppelt mit dem Gefühl von Freiheit, während die S-Bahn unter einem wegrauscht, verleitet zu tiefsinnigen Gesprächen. Die Aussicht ist durch das neue O2-Gebäude zwar etwas blockiert, aber die Sonne geht ja noch immer unter …«

Wo	Info	
Modersohnbrücke 10245 Berlin Friedrichshain	Wo: Modersohnstraße, zwischen Friedrichshain/	Kreuzberg, parallel zur Oberbaumbrücke

 ## Mit dem Rad über die Autobahn

Jedes Jahr am Umwelttag gibt es eine große Fahrradsternfahrt. Sammelplatz ist am großen Stern. Dort findet dann das Umweltfest mit Ökomarkt statt. Der Umwelttag ist jedes Jahr ein Highlight. Dieser Tag ist der einzige, an dem man mal ohne Auto auf die Autobahn kann, und noch dazu ist es ein echtes Gemeinschaftsgefühl, wenn man in so einem riesigen Trupp eine Radtour machen kann – entsprechend dem Motto: »Freie Fahrt für freie Räder!«

Wo	Info	
Berlin Tiergarten	Wann: 3.6.2012, 2.6.2013 Wo: Ziel ist der Bereich zwischen Großer Stern und Bran-	denburger Tor www.adfc-berlin.de

124 Sandburgen in XXL bestaunen

Die »Sandsation« am Hauptbahnhof ist der größte Sandkasten Berlins! Mit kleinen Förmchen hat sie aber nicht mehr viel zu tun – die Kunstwerke sind bis zu sechs Meter hoch. Saskia, 29, aus Treptow: »Ich bin jedes Jahr wieder fasziniert von den riesigen Sandskulpturen. Solche Detailtreue ist wirklich toll! Und dass der Sand so lange hält – unglaublich. Meine Kids und ich verpassen auf jeden Fall keine Sandsation!«

Wo
Hauptbahnhof
10557 Berlin Tiergarten

Info
Wie viel: 6,00 €, ermäßigt
5,00 €, Kinder (4–17 Jhare)
3,00 €, Happy Hour Fr/Sa ab

20 Uhr 4,00 €
Kontakt: 0176/96 88 62 79
www.sandsation.de

125 Street-Art-Führung durch die Stadt

Wer keine Lust hat auf eine »normale Führung«, der ist hier genau richtig. Die vielen Graffitis und anderen Kunstwerke in der Stadt faszinieren einen auf der Stelle. Richtige Kunstwerke im öffentlichen Raum entstehen durch die Hand meist unbekannter Künstler. Street Art hat übrigens nicht viel mit den üblichen Schmierereien zu tun – es gibt sogar extra freigegebene Flächen dafür, die von jedem mitgestaltet werden können!

Wo
Görlitzer Bahnhof
10997 Berlin Kreuzberg

Info
Wo: Kreuzberg, Friedrichshain, Mitte
Wann: Kreuzberg Sa 14 Uhr,

So 11 Uhr, Friedrichshain
Fr/So 14 Uhr
Kontakt: 030/24 61 11 81

U-Bahn-Museum: Knöpfe drehen

Kernstück des U-Bahn-Museums der BVG ist die 13 Meter lange Hebelbank aus den 30er-Jahren: dunkles Holz und viele Hebel und Knöpfe mit Blick auf eine leuchtende Tafel. Eine gute Ausstellung für alle, die wissen wollen, womit sie jeden Tag zur Arbeit fahren. Schön interaktiv ist es – also auch für Kinder keineswegs langweilig! Und die Mitarbeiter sind sehr bemüht, alles zu erklären! Tipp: Unbedingt Herrn Winkler am Souvenirstand ansprechen!

Wo	**Info**	
Rossitter Weg 14053 Berlin Charlottenburg	Wo: Ehemaliges Stellwerk am Olympiastadion Wann: Jeden 2. Samstag im	Monat 10:30–16 Uhr Wie viel: 2,00 €, Kinder 1,00 € www.ag-berliner-u-bahn.de

Mondnacht auf dem Pfingstberg

127

Das Belvedere – ein kleines Lustschloss im italienischen Stil. Wein, Häppchen und Klaviermusik erwarten die Besucher. Julia, 25, Pankow: »Mit meinem Freund wollte ichl was ganz Romantisches machen. Als ich von der Mondnacht erfahren habe, sind wir direkt zum Belvedere. Musik und Beleuchtung erzeugen eine ganz besondere Stimmung. An dem Abend gab's auch ein Gewitter – das war toll, irgendwie gruselig und trotzdem gemütlich!«

Wo	**Info**	
Große Weinmeisterstraße 45 14469 Potsdam P–Potsdam	Wo: Belvedere Potsdam Wann: April–Okt. 10–18 Uhr Juni/Juli/Aug 10–20 Uhr,	März/Nov. Sa/So 10–16 Uhr Wie viel: 3,50 €, ermäßigt 2,50 € www.pfingstberg.de

128 Sommer-Badeschiff

In der Spree baden? Nein danke! Zum Glück gibt es das Badeschiff an der Schlesischen Straße. Wenn in warmen Sommernächten alle Schwimmbäder dicht haben, ist das umfunktionierte Frachtschiff bis spät in die Nacht offen. Und nach Badeschluss geht's weiter mit Open-Air-Partys. Ein schwimmender Pool in der Spree, kreuz und quer verbundene Stege zum Chillen und im Hintergrund der Osthafen mit dem Speicher als urbane Kulisse.

Wo
Eichenstraße 4
12435 Berlin Treptow

Info
Wann: Tägl. von 8 Uhr–open end
Wie viel: 3,00 €, Kinder 1,50 €

Kontakt: 0157/87 62 59 19
www.arena-berlin.de

129 Im Papageienkäfig aufs Klo gehen

Wer in der Espresso Bar »Slörm« mal auf die Toilette will, sollte keine Berührungsangst haben. Denn dort wohnt Papagei Leo mit seiner Papageiin: Frau Paula. Juliette, 24, Prenzlauer Berg: »Das Slörm ist meine erste Adresse bei Kaffeedurst und Sonne. Mitten am Bürgersteig kann man hier das Geschehen beobachten und die besten Sandwiches bekommen! Die superlieben Betreiber machen das Slörm zu einem großen Wohnzimmer für alle.«

Wo
Danziger Straße 53
10435 Berlin Prenzlauer Berg

Info
Wo: Espresso Bar Slörm
Wann: Mo–Fr 8–19.30 Uhr,
Sa/So 10–19.30 Uhr

Kontakt: 030 70 08 36 87
www.sloerm.net

Eine Kloschüssel selbst bemalen

Tassen, Teller, sogar Kloschüsseln warten hier auf die Bemaler. Das Konzept ist simpel: Rohling aussuchen, an den Holztisch setzen und, mithilfe von ca. 50 verschiedenen Naturfarben ein ganz persönliches Geschenk gestalten. Peter, 39, Wilmersdorf: »Zu unserer Hochzeit haben wir unsere Freunde gebeten, im »Paint Your Style« etwas zu bemalen. Das Ergebnis: ein sehr individuelles Geschirr-Set. Ein persönlicheres Geschenk gibt's wohl kaum!«

Wo	**Info**	
Paint Your Style	Wo: Berlin Charlottenburg und	(Charlottenburg), 030/
Bleibtreustraße 46	Berlin Kreuzberg	28 83 73 55 (Kreuzberg)
10623 Berlin Charlottenburg	Kontakt: 030/88 55 22 23	www.paintyourstyle.de

Internationales Bierfestival

Zwischen Straußberger Platz und Frankfurter Tor findet 2012 wieder das internationale Bierfestival statt. Diesmal präsentiert Belgien zwölf seiner Brauereien. Und es gibt Neuheiten aus anderen Ländern. Zwei Tage lang kann man aus über 2000 Biersorten aus aller Welt probieren. Kleine Probierkrüge, anfangs erworben, kann man sich an den meisten Ständen für 1,50 Euro auffüllen lassen. So kann man viel probieren, ohne gleich umzufallen!

Wo	**Info**	
Strausberger Platz	Wo: Zwischen Straußberger	Wie viel: Eintritt frei
10243 Berlin Friedrichshain	Platz und Frankfurter Tor	Kontakt: 030/65 76 35 60
	Wann: Anfang Aug. Fr–So	www.bierfestival-berlin.de

132 Dumplings bei Yum Cha Heroes

Bei »Yum Cha Heroes« kann man traditionelles chinesisches Essen in stilvollem Ambiente genießen: Dumplings – kleine Teigtaschen mit deftig-würziger Fleisch- oder Garnelenfüllung. Sie werden in Dampfkörbchen übereinander gestapelt zubereitet und serviert. Joe, 28, Mitte: »Ich habe mir schon immer gedacht, dass ein Restaurant mit der traditionellen Dumpling-Küche in Berlin noch fehlt! Im Yum Cha Heroes bin ich jetzt Stammkunde!«

Wo
Weinbergsweg 8
10119 Berlin Mitte

Info
Wann: Tägl. 12–24 Uhr
Wie viel: Vorspeisen ab
4,50 €

Kontakt: 030/76 21 30 35
www.yumchaheroes.de

133 Bonbonmacherei

Wenige Meter von der neuen Synagoge entfernt befindet sich in einem Hinterhof die Bonbonmacherei. Katja, 29, Hohenschönhausen: »Seit meiner Kindheit liebe ich Bonbons. Diese kleinen süßen Drops schmecken aber besonders gut, wenn man mal gesehen hat, wie sie gemacht werden. Zwischendurch dürfen die Zuschauer sogar ein Stück vom warmen Rohstoff probieren. Die Sorten Ingwer und Rhabarber-Vanille sind übrigens meine Favoriten!«

Wo
Oranienburger Straße 32
10117 Berlin Mitte

Info
Wann: Mi–Sa 12–20 Uhr,
Juli/Aug. Sommerpause

Kontakt: 030/44 05 52 43
www.bonbonmacherei.de

134 Zum Motzstraßenfest!

Schöneberg, Motzstraße: Hier befindet sich der traditionelle Homo Kiez Berlins. Und jedes Jahr findet hier rund um den Nollendorf-Platz das schwullesbische Straßenfest statt. Schon legendär ist das wilde Sofa: eine Promi Talkshow mit Gästen wie Renate Künast, Klaus Wowereit oder Dirk Bach. Daniel W., 34, aus Charlottenburg: »Es ist immer wieder ein super Fest. Meinen ersten Freund Jost habe ich da gefunden.«

Wo
Nollendorfplatz
10777 Berlin Schöneberg

Info
Wann: 16./17.6.2012,
ab 11 Uhr
Wo: Motz-, Eisenacher-,

Fugger-, Kalckreuthstraße
www.regenbogenfonds.de

135 Schleusenfahrt

Nicht vor der Schleuse wenden, sondern einmal mittendurch? Das ist das Motto der Sportbootschule Skili. Heranwachsende Sportbootskipper können hier das Erlebnis »Schleuse« mal selbst ausprobieren. Und wer nicht ans Steuer will, kann einfach nur mitfahren und hautnah erleben, wie das Boot in die Schleuse einfährt und der Wasserpegel sich ausgleicht, bis man auf der anderen Seite weiterfahren kann. Ein tolles Erlebnis für die ganze Familie!

Wo
Am Pichelssee 48
13595 Berlin Spandau

Info
Wo: Start am Pichelsee, Sportbootschule Skili
Wie viel: 35,00 € inkl. 1 Getränk,

Sonderpreise für Kinder
Kontakt: 030/78 95 33 23
www.skili.de

Wellnesspause im Nivea-Haus 136

Tanja, 40, Tiergarten: »Meine Tochter und ich waren shoppen an der Friedrichstraße. Als wir die Werbung für das Nivea Haus gesehen haben, war uns sofort klar, dass wir da hin müssen. Ich war begeistert vom Angebot, kurzfristig eine kleine Wellnesspause mit Kaffee und Massage und anschließender Maniküre einlegen zu können. Das hat uns Kraft gegeben! Die Tüten, die wir vorher eingekauft haben, mussten ja irgendwie auch noch nach Hause …«

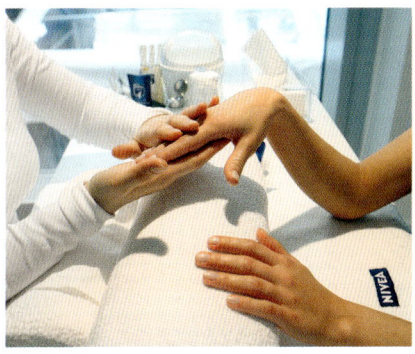

Wo	**Info**	
Unter den Linden 28 10117 Berlin Mitte	Wann: Mo–Sa 10–20 Uhr Wie viel: Z. B. Maniküre 30,00 € (40 Min.)	Kontakt: 030/204 56 16-0 www.nivea.de

Neuschnee im Juli? Snowtropolis 137

Verlässt man, wenn auch manchmal leicht durchgefroren, nach einem eindrucksvollen Tag die Skihalle, ist es doch wieder eine große Umstellung, sich an die grünen Bäume und die warmen Temperaturen zu gewöhnen. »Snowtropolis« ist definitiv die richtige Adresse für alle, die mal einen Tag in einer anderen Welt abschalten wollen. Es lohnt sich auch nach besonderen Veranstaltungen, z. B. Rodelwettbewerben, Ausschau zu halten!

Wo	**Info**	
Hörlitzer Straße 01968 Senftenberg LOS–Oder-Spree	Wann: Mi–So 10–22 Uhr Wie viel: Liftpass ab 9,00 €	Kontakt: 03573/363 70-0 www.snowtropolis.de

138 Weekend bis zum Sonnenaufgang

Wer zum Weekend will, fährt mit dem Aufzug in den zwölften Stock. Auf dem Dach ist bei gutem Wetter die Dachterrasse geöffnet. Die Nacht durchzutanzen, ist hier nicht schwer, und der Moment, wenn die Sonne über den Dächern aufgeht, ist unübertroffen. Sonja, 27, Spandau: »Das Weekend ist mein Lieblingsclub. Ich liebe diese Aussicht über Berlin, während man zu tollen Beats eine hammermäßige Party erlebt.«

Wo
Alexanderstraße 5
10178 Berlin Mitte

Info
Wann: Do–Sa 23 Uhr–
open end

Kontakt: 030/24 63 16 76
www.week-end-berlin.de

139 Fontane-Therme Neuruppin

Die Seesauna? Das Kräuterbad? Oder doch lieber der Eisraum? In der Fontane-Therme Neuruppin können sich die Besucher gleich zwischen zehn verschiedenen Wellness-Therapien entscheiden. Dazu gibt's im Schwimmbereich neben Schwebe- und Solebecken sogar ein Becken mit Heilwasser aus der Fontane. Und wer möchte, kann sich mit Körpermassagen verwöhnen lassen. Genau das Richtige gegen das kalte Wetter.

Wo
An der Seepromenade 21
16816 Neuruppin

Info
Wann: Tägl. 10–22 Uhr
Wie viel: 15,00–35,00 €,
Kinder 6,00–24,00 €

Kontakt: 03391/40 35-0
www.fontane-therme.de

Christopher Street Day 140

Eine schrille Parade zieht jedes Jahr im Juni durch Berlin. Homosexuelle gehen für ihre Rechte auf die Straße. Bunte Kostüme, nackte Haut, Regenbogenfahnen und Musik – das größte Event seiner Art ist schon richtiger Kult geworden! Unter dem Motto »Stück für Stück ins Homo-Glück – alle Rechte für alle« wurde der CSD 2009 zum 31. Mal gefeiert. Bei der Abschlusskundgebung am großen Stern gab's dann eine große Party für alle.

Wo	**Info**	
Berlin Charlottenburg	Wann: 23.6.2012 Was: Das Motto für 2012 lautet »Wissen schafft Akzeptanz«	Kontakt: 030/23 62 86 32 www.csd-berlin.de

---

Open Air Karaoke im Mauerpark 141

Von der Open-Air-Tribüne aus Steinblöcken kommt tosender Applaus. Joe Hatchiban veranstaltet hier fast jeden Sonntag unter freiem Himmel Karaoke für die Massen. Maike, 30, Mitte: »Wenn das Wetter gut ist, pack' ich 'ne Decke ein und 'was zu trinken, und dann sichere ich mir schon frühzeitig 'nen guten Platz auf einer Stufe des Amphitheaters. Da wird's nämlich richtig voll, wenn Karaoke-Stunde ist! Man kann richtig gute Performances sehen.«

Wo	**Info**	
Mauerpark Schwedter Straße 83 10437 Berlin Mitte	Wann: So ca. ab 15 Uhr Wer: Bearpit Karaoke mit Joe Hatchiban	Wo: Amphitheater www.mauerpark.info/ kultur/mauerparkkaraoke/

142 Angelgolfen

Angeln auf dem Golfplatz? Das geht tatsächlich: beim Fun-Golfen! Mit der Angel werden nicht etwa Golfbälle aus den Seen des Golfplatzes geangelt, mit ihr wird vielmehr der Golfball geworfen! Mittels einer Öse wird er an der Angelschnur befestigt und dann mit möglichst wenigen Würfen ins Zielloch geworfen. Bei Turnieren spielen die Teilnehmer an neun Löchern. Gelbe Wischtücher markieren die Ziele.

Wo	Info	
14669 Ketzin bei Nauen HVL–Havelland	Wettkampf: Deutsche Meisterschaften Kontakt: 0170/492 19 18	www.fun-golf.eu www.angelgolf.info

143 Mama Neukölln

Die raucherfreundliche Bar »Mama« in Neukölln ist ein wahres Mekka für Wodka-Freunde: Walnuss, Honig oder auch scharf mit Peperoni. Natürlich gibt es auch Wodka pur und jede Menge anderer Getränke, z. B. nicht pasteurisiertes Bier vom Fass. Dazu Musik und Wohlfühlatmosphäre wie im heimischen Wohnzimmer. Unser Tipp: Am Wochenende gibt es Livemusik.

Wo	Info	
Hobrechtstraße 61 12047 Berlin Neukölln	Wo: U-Bahnhof Hermannplatz Wann: Mo–Do/So 19–4 Uhr, Fr/Sa 19–5.30 Uhr	Kontakt: 0157/71 94 49 16

144 Chinesisch lernen im Dr. Pong

Von außen unscheinbarer – die Tischtennis-Bar »Dr. Pong«. Durch eine Glastür kommt man in einen Raum mit Tischtennisplatte in der Mitte, drum herum ein paar Sitzgelegenheiten. Hier wird täglich zu Elektro-Musik und Bier »Chinesisch« gespielt. Karlos, 26, Prenzlauer Berg: »Meine Tischtennisfähigkeiten werden jeden Tag besser. Ich hab' aber vor allem gute Freunde hier gefunden!«

Wo	Info	
Eberswalder Straße 21 10437 Berlin Prenzlauer Berg	Wann: Mo–Sa ab 19 Uhr, So ab 18 Uhr	Was: Tischtennistreff www.drpong.net

Showtime im Chamäleon Theater

Säulen mit Stuck säumen die Wände, rote Samtvorhänge hängen dazwischen. Willst du eine richtig gute Show in tollem Ambiente erleben, dann auf zum Chamäleon Theater am Hakeschen Markt! Margarete, 40, Treptow: »Das Theater bietet mir eine gute Show, kombiniert mit vorzüglichem Essen. Ich war von der ersten bis zur letzten Minute gut unterhalten. ‚Soap' ist außerdem eine schöne Mischung aus Sexyness, Akrobatik und Varieté!«

Wo	**Info**	
Rosenthaler Straße 40 10178 Berlin Mitte	Wie viel: Ca. 25,00 (Mo) bis 49,00 €	Kontakt: 030/400 05 90 www.chamaeleonberlin.de

Den »Magic Mountain« erklimmen

Der Weg ist das Ziel: Und der kann unter Umständen eine ganz schöne Herausforderung sein! Zum Beispiel dann, wenn es an einer Kletterwand vertikal hinauf geht… Und genau die steht im Magic Mountain – dem Indoor Kletterpark in Mitte. Hier kann man Kletterkurse besuchen, Kletterscheine machen oder an Wettkämpfen teilnehmen. Das Besondere: Für Feiern kann man sich auch den 6 Meter hohen Kletterturm für zuhause ausleihen!

Wo	**Info**	
Böttgerstraße 20 13357 Berlin Berlin Mitte	Wann: Mo, Di, Mi, Fr 12–24 Uhr, Do 10– 24 Uhr, Sa, So & Feiertage 10–22 Uhr	Wie viel: 14,- €/Tageskarte www.magicmountain.de

147 Extrakäse im größten McDonalds

In Berlin befindet sich die größte Mc-Donalds-Filiale Deutschlands! Über drei Etagen verteilt kann man auf über 300 Sitzplätzen Pommes, Burger und Co. in sich reinstopfen. Helene, 19, Tiergarten: »Bei Fast Food hab' ich zwar immer ein schlechtes Gewissen, aber dieser McDonalds ist einfach riesig und hat auch coole Specials wie das Kino für Kinder und die Playstations im ersten Stock. Ansonsten schmecken die Burger aber wie sonst auch.«

Wo
Tauentzienstraße 18
10789 Berlin Charlottenburg

Info
Wann: So–Do 8–4 Uhr,
Fr/Sa 8–6 Uhr

Kontakt: 030/21 01 60 77
www.mcdonalds.de

148 Deck 5: Höchste Beach-Bar Berlins

Auf dem höchsten Parkdeck der Schönhauser Allee Arcaden werden jedes Jahr im Sommer eine Menge Sand verteilt, Palmen aufgestellt und Liegestühle aufgeklappt. Eine Bar vertreibt Getränke, ein DJ sorgt für entspannte Musik. Christine, 22, Pankow: »Die Aussicht auf Deck 5 ist genial. Ich finde die Location auch witzig. Wer kommt schon darauf, dass auf einem Parkhausdeck oben noch ein kleiner Strand mit Palmen auf dich wartet?«

Wo
Schönhauser Allee 80
10439 Berlin Prenzlauer Berg

Info
Wann: Tägl. 9.30–1 Uhr
Kontakt: 0172/435 59 40 oder
030/54 49 48 07

www.freiluftrebellen.de/
deck-5

⚠️ Selbst Erdbeeren pflücken 149

Die Erdbeersaison hat eröffnet! Und wer sich nicht satt essen kann, ist auf dem Erdbeerhof Falkensee genau richtig. Marei, 26, Tiergarten: »Erdbeeren pflücken macht Spaß, weil man sich seine Früchte aussuchen kann. Das erinnert mich an früher, als ich in Omas Garten Erdbeeren für den Kuchen geholt habe. Auf dem Hof gibt es auch einen Laden, der saisonales Obst und Gemüse verkauft. Ich finde es toll zu wissen, wo mein Essen herkommt.«

Wo	Info	
Dallgower Straße 1	Wann: Tägl. 8.30–18.30 Uhr	Kontakt: 03322/224 62
14624 Dallgow-Döberitz	(Feiertage geschlossen)	www.hofladen-falkensee.de
HVL–Havelland	Wo: Hofladen Falkensee	

Beelitzer Spargelfest 150

Alle Fans der weißen Gemüsestange sind beim jährlichen Spargelfest in Beelitz genau richtig. Ein großes Bühnenprogramm, jede Menge Stände und Festzelte … ganze drei Tage lang wird Beelitz zur Spargelhochburg mit umfangreichem Unterhaltungsprogramm: Frauenchor, Konzerte, Tanzabende – und natürlich Fototermine mit der Spargelkönigin. Da steht einem leckeren Familienausflug nichts mehr im Weg.

Wo	Info	
Dorfstraße 25	Wann: April–Juni (Spargelzeit,	www.spargelhof-am-storchen-
14547 Beelitz	genaue Zeiten s. Homepage)	nest.de
PM–Potsdam-Mittelmark		

151

Luftgitarren-Meister werden

Bei einer Luftgitarren-Meisterschaft geht es darum, die beste Performance mit einer imaginären Gitarre vor einer Jury zu bieten. Die Luftgitarristen spielen zu einem Musikstück ihrer Wahl. Die sogenannte »Airness« (= Luftgitarren-Fähigkeiten des Spielers) wird aus Kreativität, Technik und Gesamterscheinung von der Jury ermittelt. Bei einer Qualifizierungsrunde kann jeder testen, ob er der Herausforderung gewachsen ist!

Wo
Eisenacher Straße 115
10777 Berlin Schöneberg

Info
Wer: German Air Guitar
Federation e.V.
Kontakt: 030/21 91 79 90

www.germanairguitar-
federation.de

152

Die Hauptstadt hören

Augen zu und durch: Das wird bei dieser besonderen Stadttour wörtlich genommen! Denn bei der »Gehörte Stadt«-Tour bekommt jeder Teilnehmer eine Schlafbrille und wird von einem persönlichen Guide durch Berlin geleitet. Und dabei erlebt man die Hauptstadt zumindest akustisch ganz neu: Straßen, Plätze, Tunnel, die vielen Sprachen und Dialekte und hier und da vielleicht sogar Musik – all das wird »blind« intensiver wahrgenommen.

Wo
ohrenstrand.net, c/o Kultur-
projekte Berlin GmbH, Kloster-
straße 68 -70, 10179 Berlin

Info
Wann: 02.12.2011 ab 18 Uhr,
07. u. 14.12.2011 ab 19 Uhr
Wie viel: 5 Euro, Kinder frei

Anmeldung notwendig!
www.ohrenstrand.net/index.
php/projekte/gehorte-stadt

Guerilla-Gärtner werden

Guerilla-Gärtner bepflanzen selbstini-
tiativ öffentliche Plätze in Berlin: Ver-
kehrsinseln, Bauminseln, Grünstreifen,
unbegrünte Betonkübel, vergessene
Hinterhöfe … In Berlin gibt es so viele
Flächen, die einfach triste vor sich hin
vegetieren. Warum sollte man nicht
mit ein paar bunten Pflanzen seine
Umgebung verschönern? Guerilla-
Gärtner-Aktionen bieten Kunst im öffentlichen Raum mit ökologischem
Bezug. Und teuer ist es auch nicht.

Wo	Info	
Überall in Berlin, wo es an Grün noch fehlt	Kontakt: info@guerilla-gaertner.com	www.guerillagaertner.com

 ## Im Sommer rodeln

Wer sagt denn, mit einem Schlitten
den Berg runterzurasen gehe nur im
Winter? In Neuendorf, südlich von Berlin, befindet sich eine 600 Meter lange
Sommerrodelbahn. Juliane, 37, Hellersdorf: »Für meine Kinder ist es immer
ein Highlight, zur Sommerrodelbahn
zu fahren. Nicht nur die Abfahrt ist der
Knaller, sondern auch der riesige Irrgarten. Ich kann mich dort besonders
gut entspannen, weil die Kids rumlau-
fen können, ohne dass etwas passiert.«

Wo	Info	
Neuendorf 03185 Teichland LOS–Oder-Spree	Wie viel: 2,20 € pro Fahrt, Kinder bis 14 Jahre 1,80 € Kontakt: 0151/58 85 91 43	www.sommerrodelbahn-teichland.de

155 Den Pony im Ponyclub striegeln

Die selbst ernannten »Ponyflüsterer« schneiden nach englischem Stil. Der natürliche Fall der Mähne ist entscheidend. Mit Produkten wie »wertvolles Sattelfett« bringen die Stylisten deine Haare auf Vordermann. Ramona, 20, Kreuzberg: »Der Laden hat Stil, Geschmack und den absoluten Wohlfühlbonus. Die Atmosphäre ist total locker. Ein tolles Gefühl, rauszugehen und sich komplett verwandelt zu fühlen!«

Wo	Info	
Kopernikusstraße 13	Wann: Mo 11–21 Uhr, Di–Fr	Kontakt: 030/29 00 32 61
10245 Berlin Friedrichshain	10–21 Uhr, Sa 10–18 Uhr	www.ponyclub-berlin.de

156 Fahrt in einer historischen U-Bahn

Auf dem Bahnsteig der U5 am Alexanderplatz tönt die Luftpfeife der historischen U-Bahn. Schaffner in original dunkelgrünen Uniformen prüfen vor dem Einsteigen die Tickets – dann werden die Türen von Hand zugeschoben und los geht's. Ungefähr sechsmal im Jahr fährt die historische U-Bahn. Wann genau, legt der Verein AG Berliner U-Bahn zu Beginn jeden Jahres fest.

Wo	Info	
Alexanderplatz	Wann: Termine werden auf der	e.V. bekanntgegeben
10178 Berlin Mitte	Homepage der Arbeitsge-	Kontakt: 0152/01 86 16 72
	meinschaft Berliner U-Bahn	www.ag-berliner-u-bahn.de

157 Brot aus der Britzer Mühle

Am Rande des Britzer Gartens befindet sich die unter Denkmalschutz stehende Holländer Windmühle. Mit einer Führung kann man bis in den fünften Stock klettern und sich anschließend Brot aus dem hier produzierten Mehl kaufen. Margret, 36, Britz: »Mit meinem Mann bin ich öfters mal im Restaurant. Im Schatten der Mühle kann man herrlich entspannen. Ich war auch schon öfters oben – tolle Aussicht!«

Wo	Info	
Buckower Damm 130	Wann: Führungen So/Feiertag	Kontakt: 030/604 20 57
12349 Berlin Neukölln	11–16 Uhr	www.britzermuehle.com
	Wie viel: 3,00 €, Kinder 1,50 €	

Ein Abend im Rodeo

Im Hinterhof des Postfuhramts befindet sich der Eingang zum Rodeo. Kein Schild weist auf den Dinnerclub hin. Ein unsaniertes Treppenhaus führt in den ersten Stock. Unter einer hohen Kuppel stehen die weiß eingedeckten Tische. Nach dem Essen verwandelt sich das Restaurant in einen Dancefloor. Auch in den angrenzenden Räumen gibt es Musik und Bars, alles im Stil einer gemütlichen Wohnung mit Sofas, Deko-Tapeten und düsterem Licht.

Wo
Auguststraße 5
10117 Berlin Mitte

Info
Wann: Di–Sa ab 19 Uhr
Wo: Altes Postfuhramt

Kontakt: 0163/162 01 68
www.rodeo-berlin.de

Schlaraffenland im KaDeWe

Die größte Feinkostabteilung Europas: Die Gourmetabteilung des KaDeWe befindet sich im sechsten Stock. Knolliger Manoik, stachlig gelbe Kiwanos, längliche thailändische Mangos, Fuji Tafeläpfel – die Obstecke sieht aus wie ein tropisches Paradies. Duftendes Brot, Petits fours und französische Tartes kann man nebenan erstehen. Und ein wenig weiter gibt's Trüffel, Hummer und eine Austern-Bar. Waren aus aller Welt – in sichtbar bester Qualität.

Wo
Tauentzienstraße 21
10789 Berlin

Info
Wann: Mo–Sa 7 Uhr bis 60 Minuten nach Geschäftsschluss, So/Feiertag geschlossen

Kontakt: 030/21 21-0
www.kadewe.de

160 Mit der Rikscha nach Hause fahren

Rickschas sind kleine Fahrradkutschen, die zwei, drei Personen transportieren können und mit der Pedalkraft des Fahrers umweltfreundlich betrieben werden. Ranwinken, einsteigen und los geht's! Eigentlich sind diese Bike-Taxis für Sightseeing-Touren gedacht, aber wenn eins frei ist, sind die Fahrer flexibel. 5 Euro pro Kilometer kostet es, von A nach B zu kommen. Nicht schnell, doch das lässt Zeit für romantisches Knutschen – oder Sightseeing.

Wo
Dunckerstraße 4
10437 Berlin Prenzlauer Berg

Info
Standorte: Z. B. Brandenburger Tor, der Fernsehturm, Berliner Dom, Potsdamer Platz,

Breitscheid Platz, KaDeWe
Kontakt: 030/30 60 54 51
www.biketaxi.de

161 Extreme-Walking durch die Bezirke

Laufen mit Abenteuer verbinden? Dann geht's ohne Stadtplan durch den Großstadt-Dschungel! Voraussetzung ist natürlich gutes Schuhwerk, ein einigermaßen guter Orientierungssinn … und im besten Fall gutes Wetter. Startpunkt ist da, wo du gerade bist. Du solltest dir ein grobes Ziel setzen, z. B. einen Bezirk oder eine S-Bahn-Haltestelle. Such dir eine Ecke aus, die du nicht so gut kennst und die zu Fuß mindestens eine Stunde entfernt ist.

Wo
Überall in Berlin

Info
Wann: Jederzeit
Wie viel: Kostenlos

www.stadtplandienst.de

Traber-Fahrschule Karlshorst

Hier kann man lernen, wie man auf einem Sulky sitzt und ein Pferd bei bis zu 65 km/h lenkt. Justine, 26, Karlshorst: »In der Traber-Fahrschule kann man in Einzelstunden oder in einem Kurs das Trabrennfahren erlernen. Den Nervenkitzel, bei 60 km/h hinter einem echten Rennpferd auf dem Sulky zu sitzen, sollte man sich nicht entgehen lassen. Es macht riesig Spaß und ist auf jeden Fall eine tolle Erfahrung.«

Wo
Treskowallee 129
10318 Berlin Weißensee

Info
Wer: Pferdesportpark Berlin-Karlshorst e. V.
Wie viel: 10er-Kurs 200,00 €,

Schnupperstunde 20,00 €
Kontakt: 030/50 01 71 21
www.pferdesportpark.de

Im Hasir echt türkisch essen gehen

Das türkische Restaurant »Hasir« in der Adalbertstraße ist die älteste von sechs Filialen. Die Legende behauptet, dass in diesem Restaurant 1971 der Döner im Brot erfunden wurde. Nicole, 34, Neukölln: »Ich habe einen tollen Abend mit einer Freundin dort verbracht. Das Essen ist super gewürzt und der Service sehr aufmerksam. Mal was anderes als immer nur Döner. Und für den Nachtisch waren wir nebenan in dem kleinen Baklava-Laden!«

Wo
Adalbertstraße 10
10999 Berlin Kreuzberg

Info
Wann: Tägl. ab 10 Uhr
Was: Türkische Küche

Kontakt: 030/614 23 73
www.hasir.de

164 L.U.X.: Leiseste Unterhaltung XBerg

L.U.X. steht für leiseste Unterhaltung XBerg. Dass leise nicht gleich langweilig ist, zeigen die regelmäßigen Konzertveranstaltungen und Partys. (Noch) unbekannte, aber aufstrebende Künstler sorgen für gute Stimmung. Eine Bar gibt's hier natürlich auch. Allein schon wegen der ungewöhnlichen Location – eine alte Industriehalle – darf man sich das L.U.X. in Kreuzberg nicht entgehen lassen.

Wo	**Info**	
Schlesische Straße 41	Wann: Di–Sa ab 20 Uhr	www.lux-berlin.net
10997 Berlin Kreuzberg	Was: Discothek und Club	

165 Don Xuang Center: Klein Vietnam

Sprechende Tannenbäume, der Geruch von Koriander, Thai-Basilikum, Textilfarbe, Plastik und Bratfett empfangen einen im größten Asia Markt Berlins, dem Don Xuang Center. Mara, 26, aus Lichtenrade: »Allein das verlassene Industriegelände ist der Kracher. Wenn man das Eingangstor passiert, ist man selbst der Ausländer. Am besten mit Hunger hinfahren und Frösche, Schnecken, Riesengarnelen essen.«

Wo	**Info**	
Herzbergstraße 128	Wo: Industriehof an der	Kontakt: 030/55 15 20 38
10365 Berlin Lichtenberg	Nordseite	www.dongxuan-berlin.de

166 Theater der Enthüllung

Eine Zeitreise ist es, die kleine Nachtrevue in Schöneberg zu betreten. Schon am Einlass stehen 20er-Jahre-Damen. Sexy Strips, Akrobatik und Burlesque-Tänze werden gezeigt. Elegante Erotik macht einen ganz besonderen Abend aus diesem Theaterbesuch! Julia, 30, Mitte: »Ich habe anfangs Sorge gehabt, dass das nichts für mich wäre, aber die Inszenierung ist sehr humorvoll, sexy und absolut umwerfend!«

Wo	**Info**	
Kurfürstenstraße 116	Wann: Ab 21 Uhr	Chanson, Burlesque
10787 Berlin Schöneberg	Was: Erotisches Theater,	Kontakt: 030/218 89 50
	Nacktballett, Akrobatik,	www.kleine-nachtrevue.de

Cosma, 24, Friedrichshain: »Das Eis ist super lecker und einmalig. Ich habe schon einige Kombinationen ausprobiert, u. a. Milcheis mit Müsli und Rumkugeln (sehr empfehlenswert!) oder das Milchschnitteneis (super!!!). Ich kann mir mein Eis zusammenmixen lassen, wie ich will. Morgen nehme ich dann mal Ingwer-Möhren-Eis … Die Shakes und Eisbecher sind auch nicht zu verachten, z. B. der ‚Frozen Hibiskus'-Eisbecher (extrem köstlich!).«

Wo	Info	
Mainzer Straße 5	Wann: Mo–Do 11–21 Uhr,	schen Diner-Stil
10247 Berlin Friedrichshain	Fr/Sa 11–22 Uhr, So 10–21 Uhr	Kontakt: 01577/136 43 00
	Was: Milchbar im amerikani-	

»Born to die in Berlin«: Und tatsächlich bleibt ein Stück der »Ramones« in der Hauptstadt. Denn obwohl die Punkrockband aus New York stammt, steht das einzige Ramones-Museum der Welt in Berlin. Hier können Fans und andere Musikbegeisterte mehr als 300 Reliquien aus rund 20 Jahren Band-Geschichte bestaunen, darunter beispielsweise unveröffentlichte Fotos sowie Vinyl-Schallplatten oder Drumsticks.

Wo	Info	
Krausnickstraße 23	Wann: Di–Do 8.30–18 Uhr,	Wie viel: 3,50 €
10115 Berlin Mitte	Fr 8.30–20 Uhr, Sa 10–20 Uhr,	www.ramonesmuseum.com/
	So 12–18 Uhr	

169 Nächtliche Schlösserrundfahrt

Vorbei an festlich illuminierten Schlössern, Kirchen und Gebäuden kann man mit der »MS Paloma« bei Nacht über die Havel schippern. In Berlin Wannsee geht's los und dann weiter durch Berlins Seenlandschaft. Begleitet wird die Reise mit Blechbläserkonzerten am Ufer und angenehmer Musik an Bord. Das Highlight am Ende der Fahrt ist ein barocker Feuerregen vor der Glienicker Brücke. Diese Mondscheinfahrt ist Romantik pur!

Wo
Wannsee Berlin Zehlendorf

Info
Wo: Wannsee (Bhf.)
Wann: 20–23.30 Uhr
Wie viel: ab 22,00 €

Kontakt und Buchung:
030/53 63 60-0 oder -10
www.sternundkreis.de

170 Lange Nacht der Museen

Seit über zehn Jahren gibt's in der Stadt einmal jährlich Museen zum Festpreis. Inzwischen öffnen rund 125 Ausstellungen und Kunstprojekte ihre Türen, u. a. die Akademie der Künste, das Pergamonmuseum oder die Neue Nationalgalerie. Verschiedene Workshops, Kinderprogramme und Musik sind dabei abwechslungsreiche Zusatzangebote. Die BVG vernetzt die Museen mit Sonderbussen. Die Fahrten sind im Ticketpreis enthalten.

Wo
Teilnehmende Museen s. Homepage

Info
Wann: Einmal jährlich von 18–2 Uhr
Wie viel: 15,00 €, ermäßigt

10,00 €, Kinder bis 12 Jahre frei
www.lange-nacht-der-museen.de/

◈ Kahlbutz-Gruft Kampehl

In einem Sarg mit gläsernem Deckel liegt – bis heute zu sehen – der Leichnam eines Ritters. Ein biologisches Wunder? 1960 erhielt Ritter Kahlbutz einen Korb von einer Schäferbraut. Am nächsten Morgen wurde die Leiche des Schäfers aufgefunden und Ritter Kahlbutz sofort verdächtigt. Doch er beteuerte seine Unschuld: »Bin ich der Mörder gewesen, will ich nach meinem Tod nicht verwesen!« Für die Bewohner Kampehls ein klarer Fall.

Wo	**Info**	
Dorfstraße	Wo: Neustadt, Ortsteil Kampehl	Mi–So 10–12 und 13–16 Uhr
16845 Neustadt (Dosse)	Wann: April–Okt. Di–So 10–12	Wie viel: 2,00 €
OHV–Oberhavel	und 13–17 Uhr, Nov.–März	Kontakt: 033970/134 05

Streicheis von Eis-Henning

In Berlin gibt es neben mannigfaltigen italienischen Eiscafes und Eisständen auch eine besondere Eisdiele: den traditionsreichen Familienbetrieb Eis-Hennig – und zwar seit den 30er-Jahren. Das Besondere? In dieser Eisdiele wird dem Gast Streicheis angeboten! Dabei wird das Eis auf italienische Art mit einem Spachtel in die Becher gestrichen, statt als Kugel im Hörnchen zu landen. Von 33 Sorten werden täglich zehn verschiedene angeboten.

Wo	**Info**	
Bundesallee 187	Wann: Mo–Fr 8–22 Uhr,	info@eishennig.com
10717 Berlin Wilmersdorf	Sa/So 9–22 Uhr (Sommer)	www.eis-henning.de
	Kontakt: 030/85 40 69 69	

173 Das kleinste Theater Berlins

In einem alten Eckhaus am Südwest-korso kann man das Kleine Theater fin-den. In den eher intimen Räumlichkei-ten befinden sich nur 99 Sitzplätze und eine kleine Bar. Das ermöglicht dem Zuschauer auf allen Plätzen, ganz nah am Geschehen auf der Bühne dran zu sein. Nicht zuletzt deshalb ist das kleine Theater ein exquisites Schauspielertheater, in dem feinsin-nige Stücke ihre Berliner Erstauffüh-rung erleben.

Wo	Info	
Südwestkorso 64	Wann: Mi, Fr, Sa	Wie viel: 15,00–20,00 €
12161 Berlin Steglitz	Wo: Kleines Theater am Süd-westkorso	Kontakt: 030/821 20 21
		www.kleines-theater.de

174 Zum Grab Marlene Dietrichs

Der städtische Friedhof Stubenrauch-straße in Berlin-Friedenau ist vielen auch als »Künstlerfreihof« bekannt. Durch die Nähe zur Wilmersdorfer Künstlerkolonie fanden hier zahlreiche Künstler ihre letzte Ruhe. Auch Mar-lene Dietrich ist hier beerdigt. Sie starb zwar 1992 in Paris, wurde aber nach ei-genem Wunsch nach Berlin überführt. Das schlichte Ehren-Grab der Schau-spielerin und Sängerin befindet sich auf der rechten Seite des Friedhofs.

Wo	Info	
Künstlerfriedhof Friedenau	Wann: Winter 7–16 Uhr,	Kontakt: 030/902 77 74 02
Stubenrauchstraße 43–45	Frühling/Herbst 7–18 Uhr,	
12161 Berlin Friedenau	Sommer 7–20 Uhr	

Café am neuen See 175

Einer der schönsten und bekanntesten Biergärten in Berlin ist wohl das Café am neuen See. Ziemlich versteckt liegt es mitten im Tiergarten unter hohen Bäumen, direkt am Wasser. Vögel zwitschern, Enten quaken, Kinder lachen und eine ganz besondere Geräuschkulisse entsteht durch den nahe gelegenen Zoo. Hier kann man auf der schönen Holzterrasse entspannen.

Wo	Info	
Lichtensteinallee 2 10787 Berlin Tiergarten	Wann: Dez.–März Sa/So 10–23 Uhr, Sommer tgl. 10–23 Uhr Wo: Nähe U- und S-Bahnhof	Zoologischer Garten Kontakt: 030/25 44 93 00

Best of Germany 176

Bei Best of Germany in Mitte gibt's typisch deutsche Produkten – vom Allgäuer Lodenhut über Kuckucksuhren und Kernseife bis hin zu Bier und Spielzeugporsche. Wem die Zeit fehlen sollte, persönlich vorbeizugehen, kann auch im Online-Shop einkaufen. Dieser Laden ist nicht nur für Touristen interessant; hier werden auch Erinnerungen aus jüngster Kindheit geweckt.

Wo	Info	
Rosa-Luxemburg-Straße 26 10178 Berlin Mitte	Wann: Mo–Fr 12–20 Uhr, Sa 12–19 Uhr	Kontakt: 030/81 40 09 54 www.bestofgermany.net

Zur »Fête de la Musique« gehen 177

Die »Fête de la Musique« ist ein Festival, bei dem die ganze Stadt zu einer Party wird. Von Paris ausgehend, feiern inzwischen über 340 Städte weltweit den internationalen Tag der Musik. Von Klassik bis Punk Rock ist alles erlaubt. Bekannte Bands und Newcomer spielen nebeneinander. Tagsüber finden die Konzerte auf über 70 Open-Air-Bühnen statt – abends geht's dann weiter in Bars, Kneipen und Clubs.

Wo	Info	
Auf diversen Open-Air-Bühnen in ganz Berlin	Wann: 21.6.2012 Was: Gratiskonzerte von Musikern, Bands, DJs, Orchestern,	Chören, Solisten Kontakt: 030/41 71 52 89 www.fetedelamusique.de

178 Seinen Drachen steigen lassen

Herbstzeit ist Drachenzeit. Und der Teufelsberg ein toller Ort, um seinen Drachen in die Luft düsen zu lassen! Der Hügel wurde nach dem Zweiten Weltkrieg künstlich geschaffen und mit Trümmern aufgeschüttet. Von denen sieht man heute aber nichts mehr: viel Grün, Wege zum Mountainbike fahren oder Spazierengehen und jede Menge Platz, um seinen Drachen steigen zu lassen und das windige Herbstwetter richtig zu nutzen!

Wo
Teufelsseechaussee
14193 Berlin Charlottenburg

Info
Wann: Im Herbst
Wo: Vom Teufelsberg

www.berlin.de/orte/sehens-
wuerdigkeiten/teufelsberg/

179 Abkühlung im Globetrotter

Für heiße Tage gibt's am U-Bahnhof Steglitz einen absoluten Geheimtipp für eine kostenlose Extrem-Abkühlung: die Eiskammer in der Globetrotter-Filiale! Kristina, 25, Lichtenberg: »Globetrotter bietet zwar auch so eine Menge, aber die Eiskammer ist wohl das absolute Highlight! Unglaublich, wie angenehm kühl es da drin ist, während die Stadt schwitzt. Nebenbei hab' ich mir beim letzten Besuch den getesteten Schlafsack gekauft!«

Wo
Globetrotter Ausrüstung
Schlossstraße 78
12165 Berlin Steglitz

Info
Wann: Mo–Fr 10–20 Uhr,
Sa 9–20 Uhr

Kontakt: 030/85 08 92-0
www.globetrotter.de

Biorama-Projekt in Joachimsthal 180

Die Welt mal von ganz oben sehen, das kann man auf dem Wasserturm im UNESCO Biosphärenreservat in Joachimsthal. Wenn man die 27 Meter hinaufsteigt (oder mit dem roten Designer-Aufzug fährt), wird die Aussicht immer hinreißender, während einem der Wind um die Nase bläst. Für nur einen Euro bekommt man auf der Aussichtsplattform auf dem Dach des Wasserturms dann einen uneingeschränkten Rundum-Blick.

Wo
Am Wasserturm 1
16247 Joachimsthal
BAR–Barnim

Info
Wann: 4. Juni–31. Okt.,
Do–So/Feiertage 11–18 Uhr
Wie viel: 1,00 €, Kinder 0,50 €

Kontakt/Reservierung: 033361/
649 31, 0179/924 95 35
www.biorama-projekt.org

Bambooland A10 Center 181

Eine langweilige Autobahnausfahrt markiert die Stelle, an der sich das »Bambooland Wildau« befindet. Doch was sich hinter der Tür mit dem großen Pandabären befindet, verspricht einen Riesenspaß für die ganze Familie! Eine große Halle ist gefüllt mit Kinderlachen, einem Kletterparadies, Hüpfburgen, einer Kartbahn, Airhockey und vielem mehr. Im Dschungel sind sogar exotische Tiere und Pflanzen zu finden.

Wo
Chausseestraße 1
15745 Wildau
LDS–Dahme-Spreewald

Info
Wann: Jan.–Dez. Mo–So
10–20 Uhr
Wie viel: Tageskarte 3,50 €, Kin-

der 7,95 €, Krabbelkinder frei
Kontakt: 03375/21 70 40
www.bamboo-land.de

182 Chemieunterricht im Restaurant

Das Reinstoff in Mitte ist ein Gourmet-restaurant, das sich auf Molekular-küche spezialisiert hat. Klingt wie aus dem Chemielabor? So ähnlich kann man sich das auch vorstellen. Denn bei dieser Art zu kochen wird das Wissen aus Chemie und Physik angewandt, um Speisen wie Kaviar aus Melonen, heißes Eis oder Schäume aus Gemüse herzustellen. Für dieses kulinarische Erlebnis muss man sich Zeit nehmen: acht Gänge werden dem Gast serviert.

Wo
Schlegelstraße 26
10115 Berlin Mitte

Info
Wann: Di–Sa ab 19 Uhr
Was: Menüse von 4 bis
8 Gängen zur Auswahl

Kontakt: 030/30 88 12 14
www.reinstoff.eu

183 Höhenflug im Hi-Flyer

Der Berlin Hi-Flyer gehört zu den welt-größten Heliumballonen und überragt alle umliegenden Gebäude, wenn er in der Luft ist. Das Gefühl, frei zu schwe-ben, täuscht allerdings: Ein Stahlseil ist fest mit der Erde verbunden. Während der Fahrt erklärt der Pilot alle Sehens-würdigkeiten Berlins und beantwortet alle aufkommenden Fragen. Eine Fahrt mit dem Fesselballon dauert ca. zwölf bis 15 Minuten – besonders roman-tisch am Abend bei Sonnenuntergang.

Wo
Zimmerstraße
10117 Berlin Mitte

Info
Wann: So–Do 10–22 (Winter-zeit 11–18) Uhr, Fr/Sa 10–0.30
(Winterzeit 11–19) Uhr

Wie viel: 19,00 €, ermäßigt
13,00 €, Kinder 3–6 Jahre 3,00 €
www.air-service-berlin.de

Ebenfalls erhältlich ...

184 Dem Schokoladenrausch verfallen

Betritt man die kleine Confiserie »Chocolat« in Friedrichshagen, wird man in die Welt des gleichnamigen französischen Films entführt. Romantische Einrichtung, Schokolade, so weit das Auge reicht, und zur Begrüßung von Inhaberin Marianne Mulack ein Stückchen zum Probieren. Aus 30 bis 40 Sorten Schokolade und rund 70 Sorten Pralinen kann man auswählen, darunter Geschmacksrichtungen wie Lavendel-Trüffel oder Basilikum-Zitrone.

Wo	Info	
Chocolat – der Schoko-Laden Bölschestraße 6 12587 Berlin Treptow	Wann: Mo–Sa 10-19 Uhr, So 12–19 Uhr (im Sommer auch länger)	Kontakt: 030/64 16 72 70 www.schokoladenberlin.de

185 Kims Karaoke Bar

Seit 1998 versteckt sich im Hinterhof eines Mehrfamilienhauses am Mehringdamm Kims Karaoke Bar. Das Ambiente: eine Mischung aus Zweckmäßigkeit und Japan-Kitsch! Zwischen Partygirlanden und Plastikblumen sitzt die asiatische Familie neben amerikanischen Touristen, die den Nachahmern oder Selbstdarstellern aufmerksam lauschen. Das Repertoire reicht von Liedern aus den unterschiedlichsten Ländern bis hin zu Popsongs!

Wo	Info	
Mehringdamm 32 10961 Berlin Friedrichshain	Wann: Tägl. ab 20 Uhr Wie viel: 3,00 € pro Person	Kontakt: 030/25 29 83 04 www.kim-karaoke.de

Trabbi Safari

Bei der Trabbi Safari fährt man mit dem Kultauto aus DDR-Zeiten in einem Konvoi von bis zu sechs Fahrzeugen durch Berlin. Über Funk gibt's Infos zu den Sehenswürdigkeiten. Die Teilnehmer dürfen sich ihr Fahrzeug selber auswählen. Jeder Trabbi verfügt über die original Viergang-Revolver-Handschaltung, die in einer kurzen Einführung erklärt wird. Und nach der Fahrt bekommt jeder Fahrer seinen persönlichen »Trabiführerschein« überreicht.

Wo	**Info**	
Zimmerstraße 97	Wann: Tagesfahrten 10–18 Uhr,	Kontakt: 030/27 59 22 73
10117 Berlin Mitte	Nachtfahrten auf Anfrage	www.trabi-safari.de
	Start: BallonGarten	

Checkpoint Charlie: Mauermuseum.

Vor dem Eingang machen Touristen um Touristen Fotos mit dem verkleideten Grenzsoldaten vom Checkpoint Charlie, der vor einer kleinen Hütte und einer Mauer aus Sandsäcken steht und eine amerikanische Fahne in der Hand hält. Endlich im Museum, ist der Trubel draußen aber fast vergessen. Hier dreht sich alles um die kreativen Fluchtversuche der Menschen in der DDR und das Grenzsicherungssystem der damaligen Zeit.

Wo	**Info**	
Friedrichstraße 43	Wann: 9–22 Uhr	Jahre 5,50 €, unter 6 Jahren frei
10969 Berlin Kreuzberg	Wie viel: 12,50 €, Schüler/Studenten 9,50 €, Schüler bis 10	Kontakt: 030/25 37 25-0
		www.mauer-museum.com

188 Jumpingdinner

Liebe geht durch den Magen. Das ist beim Jumpingdinner Programm! Gemeinsam mit zwei weiteren Teams erlebst du eine kulinarische Reise durch Berlin, bei der jeder Gang von einem anderen Team gekocht und serviert wird. Jedes präsentiert damit nicht nur seine Kochkünste, sondern auch seine Wohnung. Nach dem Dessert gibt es ein kleines Come Together – auf einmal kennt jeder jeden. Wie es weitergeht, bestimmt jeder selbst.

Wo
In insg. drei Wohnungen in Berlin

Info
Wann: 18 Uhr, Vorspeise 20 Uhr, Hauptgang 22 Uhr, Dessert ab 23.30 Uhr

Wie viel: Teilnahmegebühr 26 €
info@jumpingdinner.de
www.jumpingdinner.de

189 Salon Sucré: Französische Lebensart

Betritt man die Patisserie Salon Sucré, fühlt man sich sofort wie in Frankreich. Der Chef, Eric Muller, begrüßt seine Kunden hier noch persönlich – auf Französisch! Der freundliche Franzose versteht etwas von seinem Handwerk: beste Zutaten, die richtigen Rezepte und Handarbeit haben Priorität. Wer möchte, kann den köstlichen Genüssen frönen und sich gleichzeitig den Kopf stylen lassen, denn die Patisserie wird von einem Friseursalon ergänzt.

Wo
Görlitzer Straße 32
10997 Berlin Kreuzberg

Info
Wann: Patisserie Do–So 10–18 Uhr, Friseur Mi–Sa 10–18 Uhr
Wer: Französischer Konditor

und brasilianische Friseurin
Kontakt: 030/612 27 13
www.salonsucre.de

Freilichtkino im Friedrichshain

Im Sommer ins Kino? Wenn die Sonne scheint, es warm ist und man draußen im Park chillen möchte? Genau dann! Und zwar ins Freilichtkino im F'hain! Die beste Möglichkeit, im Sommer draußen zu sein, Sonne zu tanken (wenn sie denn scheint) und gleichzeitig mit den Freunden coole Filme auf großer Leinwand zu gucken. Und es muss ja auch nicht immer der große, neue Blockbuster sein. Übrigens: Das Kino findet bei jedem Wetter statt!

Wo
Volkspark Friedrichshain
Am Friedrichshain
10407 Berlin Friedrichshain

Info
Wann: 16. Mai–16. Sept.
Wie viel: 6,50 €, ermäßigt (mit Berlin-Pass) 5,00 €

www.freiluftkino-berlin.de

UFA Kinderbauernhof

Die Milch kommt aus dem Supermarkt, und das Schnitzel wächst am Baum! Damit die Stadtkinder sehen, wie Natur aussieht, lohnt sich ein Ausflug zum UFA Kinderbauernhof in Tempelhof. Hier kann viele Tiere, z. B. Ponys, Kaninchen, Gänse und Schweine selber füttern, jede Menge lernen und auch noch etwas über Pflanzen erfahren! Der UFA Kinderbauernhof in Tempelhof ist für Kinder ein richtiges kleines Paradies.

Wo
Viktoriastraße 13
12105 Berlin Tempelhof

Info
Wann: Mo Ruhetag, Di–Fr
13–18 Uhr, Sa/So 12–15 Uhr

Wie viel: Kostenlos
www.kinderbauernhof.nusz.de/

192 Beim Bundespräsidenten

Das Schloss Bellevue kennt jeder vom Vorbeifahren, von innen allerdings nur Bundespräsidenten und Staatsgäste. Doch einmal im Jahr werden die großen Holztüren für alle geöffnet. Bei der Führung geht's dann vorbei am Gästebuch und wertvollen Gemälden, durch den prunkvollen Langhanssaal, und vielleicht begegnet man dem Bundespräsidenten. Zum Schluss kann man noch den Blick auf den Schlossgarten genießen – ein exklusiver Einblick.

Wo
Schloss Bellevue
Spreeweg 1
10557 Berlin Tiergarten

Info
Wann: Am Tag der offenen Tür
Wie viel: Kostenlos

Kontakt: 030/20 00-0
www.bundespraesident.de

193 YOU – die größte Jugendmesse

Ob IFA, Grüne Woche oder Popkomm – Berlin ist Hauptstadt der Messen. Und natürlich gibt's auch eine eigene für Kinder und Jugendliche – die YOU! Sie ist die größte Jugendmesse Europas und findet jährlich Ende September statt. Dann dreht sich alles um Lifestyle, Musik, Sport und Bildung. Spannende Workshops und Gewinnspiele stehen ebenso auf der Tagesordnung wie jede Menge Auftritte von bekannten Künstlern und Bands.

Wo
Messedamm 22
14055 Berlin Charlottenburg

Info
Wann: Ende Sept.
Wie viel: 1-Tage-Ticket 11,00 €,
2-Tage-Ticket 14,00 €, 3-Tage-

Ticket 17,00 €
www.messe-berlin.de

Berlins Best American Diner

Eines der besten American Diners in Berlin findet man an der Max-Schmeling Halle im Prenz'l Berg. Im »The Bird« wird alles frisch zubereitet. Fleisch kommt direkt aus den USA, die Pommes werden von Hand geschnitzt und der Cheesecake nach altem Familienrezept gebacken. Sehr spannend: Die Bedienung spricht teils Deutsch, teils Englisch, und ist bestens um das Wohl der Gäste bemüht. Fazit: unbedingt ausprobieren!

Wo	**Info**	
Am Falkplatz 5	Wann: Mo–Do 18–23 Uhr,	Kontakt: 030/51 05 32 83
10437 Berlin Prenzlauer Berg	Fr 17–24 Uhr, Sa/So 12–24 Uhr	http://thebirdinberlin.com/

Das Unbekannte entdecken

Das Brandenburger Tor, der Fernsehturm oder der Potsdamer Platz: All das sind beliebte Adressen für Touristen. Aber in Berlin gibt's noch viel mehr: Wie wär's zum Beispiel mit Street-Art-Kunst, Kissenschlachten oder einer Kino-Vorstellung in einer alten Fabrik? Die »versteckten« Orte Berlins kann man mit der »Hidden Path-Tour« entdecken: Die wird übrigens für jeden individuell abgestimmt – also nicht nur was für Touristen …

Wo	**Info**	
Individuell abgestimmte	Wann: Termine nach Verein-	Kontakt/Anmeldung:
Tour zu den versteckten Orten	barung	http://thehiddenpath.de/
Berlins	Wie viel: 18,00 €	

196 Flotte-Notte-Floßrennen

Jedes Jahr treten am Notte-Kanal zahlreiche Hobby-Piraten zum Floßrennen an. Erst ziehen die Flöße in einer Parade am Publikum vorbei, dann beginnt das Rennen. Torsten, 22, Königs Wusterhausen:

»Ich hab' einem Freund letztes Jahr geholfen, sein Floß zu bauen, und dann am Ufer gestanden und ihn kräftig angefeuert. Dieses Jahr will ich aber selber Kapitän werden – denn mitfahren ist lustiger!«

Wo	**Info**	
Notte-Kanal Königs Wusterhausen LDS–Dahme-Spreewald	Was: Floßparade, Wasserschlacht, »Titanic Award« Kontakt: 03375/20 49 02 oder	0173/645 61 43 www.flotte-notte.de

197 Solarbootfahren

Einmal entspannt ohne Führerschein ein Boot steuern? Dann ist der Solarboot-Pavillon in Berlin Köpenick der richtige Ort! Die leisen, umweltfreundlichen Boote sehen aus wie Katamarane, fahren aber mit

Sonnenenergie. Auf eines passen zwei bis acht Personen, es gibt jedoch auch Schiffe für größere Gruppen. Bei einer Tour geht's am Müggelturm, den Müggelbergen und der Köpenicker Altstadt vorbei.

Wo	**Info**	
Solarboot-Pavillon Alt Köpenick, Müggelheimer Straße 1 12555 Berlin Köpenick	Wann: Mo–Fr 12–19 Uhr, Sa/So/Feiertag 10–19 Uhr Wie viel: 10,00–50,00 €/Std.	Kontakt/Reservierung: 0160/630 99 97 www.solarwaterworld.de

198 Westernkulissendorf »Flower Horse«

Die »Flower-Horse-Ranch« in Gersdorf, gelegen zwischen Wäldern, Feldern, Bergen und Seen, besteht zurzeit aus 58 verschiedenen, für ein Westerndorf typischen Kulissen. Egal ob Anfänger oder

Profi – jeder kann hier in Kleingruppen den Reitstil und artgerechten Umgang mit Pferden erlernen. Und die Hexenküche sowie Bastel- und Floristenscheune auf dem Gelände besuchen.

Wo	**Info**	
Dorfstraße 11 16259 Falkenberg MOL–Märkisch-Oderland	Was: Verschiedene Angebote run ums Pferd Kontakt: 033458/303 53 oder	0162/487 84 33 www.ranching.de

Ein Graffiti sprühen

Für die einen sind sie Vandalismus, für die anderen Kunst: Graffitis. Sie gehören zu Berlin – einst zierten sie die Berliner Mauer! Heute schmücken sie Hauswände oder geben tristen U-Bahnstationen den gewissen Pepp – und das sogar legal! Seiner Kreativität freien Lauf lassen und sich in der Hauptstadt verewigen kann jeder! Dafür gibt's mittlerweile legale Graffiti-Flächen … zum Beispiel in Spandau oder Hellersdorf.

Wo	**Info**	
U. a. in Spandau, Hellersdorf, Potsdam	Was: Legale Graffiti-Flächen innerhalb Berlins	Kontakt: Nähere Informationen beim Bürgerservice

 # Stadtbad Neukölln

Schwimmen steht hier an zweiter Stelle: Denn das Stadtbad Neukölln beeindruckt durch seine hohe Decke, die sieben Meter hohen Säulen und Mosaiken an Fußboden und Wänden. Das Stadtbad zählte bei seiner Eröffnung 1914 zu den schönsten Bädern Europas. Und diesen Glanz hat das Stadtbad Neukölln bis heute erhalten: Über mehrere Jahre wurden die zwei Schwimmhallen und die Therme restauriert und saniert.

Wo	**Info**	
Ganghoferstraße 3 12043 Berlin	Wie viel: Hallenbad ab 4,00 €, Sauna 14,00 € Kontakt: 030 /68 24 98 12	www.berlinerbaeder-betriebe.de/77.html

201 ProbierMahl

Probieren geht über studieren: Genau das dachten sich wohl auch die Inhaber des Restaurants »ProbierMahl« in Tiergarten. Denn hier gibt's viele verschiedene Gerichte, nur eben etwas kleiner, als man es gewohnt ist. Das heißt: probieren, probieren, probieren. Dabei sind zwei, drei, vier Gerichte schnell gegessen: Tapas, Fisch, Pasta, Salat oder Burger. Und wenn's einfach zu gut schmeckt: Die meisten Gerichte kann man auch in »groß« bestellen.

Wo	Info	
Dortmunder Straße 9 10555 Berlin	Wann: Mo–So 16–1 Uhr, So zusätzlich 10–15 Uhr Brunch	Kontakt: 030/44 04 07 66 www.nola.de/

202 Kanzler-U-Bahn fahren

14 Jahre Bauzeit, 320 Millionen Euro Baukosten und das für 1,74 Kilometer U-Bahnstrecke. Damit ist die U55 zwischen Brandenburger Tor und Hauptbahnhof nicht nur eine der teuersten, sondern auch vermutlich die kürzeste U-Bahn der Welt. Auch wenn die Linie schon seit Sommer 2009 im Betrieb ist, sind viele Berliner und Brandenburger noch immer nicht mit der 3-Stationen-U-Bahn gefahren. Das sollte man auf jeden Fall erledigt haben.

Wo	Info	
Bundestag 10557 Berlin Mitte	Wann: Tägl. Wie viel: 1,40 € (Kurzstrecke)	Kontakt: 030/194 49 www.bvg.de

Internationale Grüne Woche

Kühe, Schafe und Schweine angucken und sich dann an den Häppchen satt essen. Einmal im Jahr öffnet am ICC die Internationale Grüne Woche, die weltgrößte Messe für Ernährung, Landwirtschaft und Gartenbau. Von Weinsorten über Obst und Gemüse, Brot und Spezialitäten der Welt bekommt man hier alles. Tipp: Unter der Woche vorbeischauen! Am Wochenende werden Touris eingeflogen, vor denen die meisten Testhäppchen versteckt werden.

Wo	**Info**	
Messe Nord/ICC 14057 Berlin Charlottenburg	Wann: Vorletztes Jan.-Woche 10–18 Uhr, Sa/So bis 20 Uhr Wie viel: Tageskarte 12,00 €,	ermäßigt 8,00 €, Kinder unter 6 Jahren frei www.gruenewoche.de

Spaziergang im Kanzlerviertel

Was die Touris können, können wir schon lange. Trotzdem … die meisten Berlin-Brandenburger lassen die Touristenattraktionen in der Hauptstadt einfach unentdeckt. Darum heute: ein Spaziergang durchs Kanzlerviertel. Immer an der Spree entlang, dann Frau Merkel im Bundeskanzleramt winken, zum Bundestag und das Paul-Löbe-Haus anschauen. Zum Abschluss ein Kaffee am »Capital Beach« beim Haupbahnhof, mit Blick auf die Spree.

Wo	**Info**	
Bundeskanzleramt Willy-Brandt-Straße 10557 Berlin Mitte	Was: Z. B. Strandbar Capital Beach, direkt an der Spree, tägl. ab 10 Uhr	Kontakt: 0163/565 41 23 www.capital-beach.eu

205 Berliner 6-Tage-Rennen

Einmal im Jahr wird das Velodrom am Anhalter Bahnhof zur Partyarena auf höchstem Niveau. Verschiedenste Bands machen Stimmung, Clowns unterhalten die Kinder, es gibt diverse Stände, an denen man sich satt essen kann. Und … ach ja, mitten in diesem Trubel findet das 6-Tage Rennen statt, eine der populärsten Radsportveranstaltungen. Wichtig für die Fahrer: Konzentration! Sonst ist man schnell weg von der schrägen Rennstrecke.

Wo	**Info**	
Velodrom	Wann: Im Jan.	Wie viel: 30,00–54,00 €
Paul-Heyse-Straße 26	Wo: S-Bahnhof Landsberger	www.sechstagerennen-
10407 Berlin Prenzlauer Berg	Allee	berlin.de

206 Shisha auf weißen Wolken

Der erste Feierabend der Woche wird eine Reise in den zauberhaften Orient. Rabab – weiße Wolke – so heißt das schönste Wasserpfeifen-Café in Wilmersdorf. Wenn nicht sogar in ganz Berlin. Gemütlich in die Kissen lümmeln, dazu einen fruchtigen Cocktail und mit Freunden an der Wasserpfeife paffen. Besonderes Highlight: Apfel-Minze als Bambus-Shisha mit echter Frucht. Schon fühlt man sich wie in »1000 und einer Nacht«.

Wo	**Info**	
Blissestraße 44	Wann: So–Do 18–2 Uhr,	ße, Bus 101 Birger-Forell-Platz
10713 Berlin Wilmersdorf	Fr/Sa 19 Uhr–open end	Wie viel: 4,50 € für eine Shisha
	Wo: U. a. U-Bahnhof Blissestra-	www.rabab.de

DDR-Restaurant Domklause

Eine Reise zurück in die DDR – im DDR-Restaurant Domklause in Mitte gibt's Broiler, Jägerschnitzel, Steak und jede Menge weiterer typischer DDR-Spezialitäten nach Original-Rezept. Ideal, um nach dem Augenschmaus im DDR-Museum Kraft zu tanken und auch die Geschmacksnerven zurück durch die Zeit zu schicken. Übrigens: Nach dem Besuch des Museums gibt es in der Domklause mit dem Ticket zehn Prozent Rabatt!

Wo
Karl-Liebknecht-Straße 1
10178 Berlin Mitte

Info
Wann: Ab 10 Uhr–open end
Wo: Direkt neben dem
DDR-Museum

Kontakt: 030/847 12 37 37
www.ddr-restaurant.de

Gemüsedöner

Döner ist nur was für Fleischesser?! Von wegen … Bei Mustafa am Mehringdamm in Kreuzberg bekommt man einen erstklassigen Gemüsedöner zum Spitzenpreis. Frisches Gemüse, frischer Fetakäse, und für die, die trotzdem nicht auf Fleisch verzichten wollen, gibt's Hähnchen ins Brot. Ein Highlight während eines langweiligen Arbeitstags ist übrigens auch Mustafas Homepage. Einfach mal vorbeiklicken!

Wo
Mehringdamm 32
10961 Berlin Kreuzberg

Info
Wann: Tägl. geöffnet
Wo: U-Bahnhof Mehringdamm
Wie viel: Gemüsekebap 2,50 €,

Gemüsedöner mit Hähnchen
2,90 €
www.mustafas.de/

209 Skispringen in Bad Freienwalde

Einmal im Jahr gibt es in Bad Freienwalde – im nördlichsten Skisprunggebiet Deutschlands – den Märkischen Wintersporttag. Skispringen, Rodeln, Langlaufen und mit Rentierschlitten die Landschaft erkunden – das sind richtige Highlights im flachen Brandenburg. Dazu treten deutsche und polnische Nachwuchs-Skispringer gegeneinander an. Mitfiebern ist natürlich angesagt, und danach gibt es eine ordentliche Aprés-Ski-Party.

Wo
Berliner Straße 97
16259 Bad Freienwalde (Oder)
MOL–Märkisch-Oderland

Info
Wann: Ab 10 Uhr (Schanzen)
Wo: Direkt an der B158 am
Ortseingang Bad Freienwalde-

Wie viel: Kostenlos
www.wsv1923.de/html/ski-springen.html

210 Raclette beim Dschungelkönig

Keine Angst: Gebratene Maden, geröstete Heuschrecken und karamellisierte Mehlwürmer gibt's nicht. Das »La Raclette« von RTL-Dschungelkönig Peer Kusmagk in Kreuzberg besticht durch seine französischen Spezialitäten und seinen leckeren Wein am knisternden Kaminfeuer. Wer hier noch einen Tisch bekommen will, sollte schnell reservieren. Unser Tipp: Regelmäßig am Wochenende gibt's französische Live-Musik.

Wo
Lausitzer Straße 34
10999 Berlin Kreuzberg

Info
Wann: Mo–So ab 18 Uhr
Was: Restaurant mit regelmäßig wechselnder Live-Musik

am Wochenende
Kontakt: 030/61 28 71 21
www.la-raclette.de

 Indoor-Camping

Auch wenn es langsam Sommer wird – hin und wieder regnet's tagelang. Das kann einem das Campen im Freien schon mal vermiesen. Vorbei die Zeit der nassen Füße, kein Matsch, kein Sturm. Im Hüttenpalast in Neukölln gibt es eins-a-ausgestattete Campingwagen und Holzhütten. Original Schrebergarten-Feeling, nur ohne nervende Nachbarn. Nicht nur ein exklusiver Tipp für Touris, auch Ur-Berliner werden sich hier wohl fühlen.

Wo	**Info**	
Hobrechtstraße 65 12047 Berlin Neukölln	Wie viel: Übernachtungen in Wohnwagen oder Hütte ab 30,00 € pro Person	Kontakt: 030 37 30 58 06 www.huettenpalast.de

 Sommerrodelbahn Scharmützelbob

Rodeln im Sommer? Das geht – beim Scharmuetzelbob in Bad Saarow. Wie in einer kleinen Achterbahn fährt man auf 1000 Metern durch die Landschaft – bis zu 40 km/h! Das Tempo kann selbst bestimmt werden. Ob alleine oder zu zweit, 40 Kurven und 52 Meter Höhenunterschied garantieren Nervenkitzel pur für Groß und Klein. Bei Regen gibt's eine Haube auf den Bob. Tipp: Einfach zum Kindergeburtstag zur Rodelbahn, dann gibt's Freifahrten.

Wo	**Info**	
Am Fuchsbau 7 15517 Bad Saarow LOS–Oder-Spree	Wann: Juni–Sept. 10–19 Uhr, April/Mai/Okt. 10–18 Uhr (Nov.–März s. Homepage)	Wie viel: 2,50 €, Kinder 1,50 €, 6 Fahrten 12,00 €/8,00 € www.scharmuetzelbob.de

213 Theaterschiff

Das Theaterschiff in Potsdam ist eine Mischung aus Restaurant, Diskothek, Konzerthalle und Theatersaal. Umfangreiches Showprogramm bietet jedem was Passendes. Wer lachen will, geht zur Comedyshow oder ins Kabarett. Theaterfans besuchen eine der wechselnden Vorführungen, und wer einfach nur Lust auf tanzen hat, geht in die bordeigene Disco. Die Kartenpreise bewegen sich um die 15 bis 20 Euro – ein erschwingliches Vergnügen.

Wo
Karl-Liebknecht-Straße 135
·14482 Potsdam
P–Potsdam

Info
Wann: Unterschiedlich,
je nach Veranstaltung
(s. Homepage)

www.theaterschiff-
potsdam.com/

214 Blue Man Group

Drei blauhäutige Männer – nicht adelig oder betrunken. Die Blue Man Group ist komplett blau eingefärbt. Die drei verziehen keine Miene und machen Musik auf alten Plastikrohren. Aus den Instrumenten spritzt Farbe, eine Liveband unterstützt die Show mit eindrucksvollen Klängen. Hier ist man nicht nur Zuschauer – hier steckt man mittendrin. In Berlin ist sie auch die einzige Live-Show, in der sich auch nicht-deutsch-Sprechende bestens amüsieren können.

10785 Berlin Tiergarten

Info
Wann: Di/Fr 21 Uhr, Mi/Do/Sa
18/21 Uhr, So 18 Uhr
Wie viel: Karten ab 67,00 €

Kontakt: 01805/44 44
www.stage-entertainment.de

Hühnerleasing

Nach dem Ei aus dem Supermarkt (ob Bio oder nicht) kommt jetzt das Ei vom eigenen Huhn auf den Frühstückstisch. In der Pension »Das Landei« kann man ein Huhn leasen. Einfach eins aussuchen, Urkunde mitnehmen und jede Woche sechs Eier von echten Freilandhühnern mitnehmen. Wer Sehnsucht bekommt oder einfach nur mal gucken will, was die Eier machen, kann jederzeit vorbeikommen.

Wo	**Info**	
Dorfstraße 4 14547 Beelitz PM–Potsdam-Mittelmark	Wie viel: 42,00 € pro Jahr für ein Huhn pro Jahr und 6 Eier pro Woche	Kontakt: 033204/400 35 http://pension-landei.de/ leasing.htm

12 Apostel zum Pizzaessen

Die leckerste und größte Steinofen-Pizza der Stadt (sie reicht locker für zwei Personen) bekommt man bei »12 Apostel« in Berlins Mitte oder in Charlottenburg. Hier gibt's echtes italienisches Ambiente, eine schnelle, freundliche Bedienung und leckere saisonale Specials. Ein Tipp: Unbedingt reservieren, da »12 Apostel« als stadtbester Pizzabäcker bekannt und deshalb immer gut gefüllt ist.

Wo	**Info**	
Georgenstraße 2 10117 Berlin Mitte	Wann: Mo–So 7–1 Uhr Wo: S-Bahnbögen 177–180, S-/U-Bahnhof Friedrichstraße	Kontakt: 030/201 02 22 www.12-apostel.de

Kart4You Berlin

Für diejenigen, die gerne mit dem Kart einfach nur im Kreis fahren, ist Kart4You garantiert nichts! Denn mit diesen Mini-Ferraris (sie sind bis zu 90 km/h schnell!) fährt man frei auf Berlins Straßen, vorbei am Fernsehturm, zum Brandenburger Tor oder über den Ku'damm – die Strecke wird selbst bestimmt. Wer nicht aus Berlin kommt, nimmt einfach an einer Führung teil.

Wo	**Info**	
Heidestraße 46 10557 Berlin Tiergarten	Wann: Tägl. 9–22 Uhr Wie viel: 1 Std. ab 20,00 €, »Nighttime« 12 Std. (20–	8 Uhr) ab 59,00 € www.kart4you.de

218 Zeichnen bei Dr. Sketchy

Bei Dr. Sketchy gibt's eine Zeichenstunde der anderen Art. Statt normaler Modell-Abmalerei bekommt man jede Menge Paradiesvögel, Burlesquetänzerinnen, Artisten sowie Goth-Schönheiten vor den Pinsel, dazu außerdem Musik der 40er-Jahre und ziemlich skurrile Wettbewerbe – beispielsweise das beste von Mund gezeichnete Bild. Hier kann jeder zum Künstler werden, im Vordergrund steht aber der Spaß!

Wo	**Info**	
Kottbusser Damm 70 10967 Berlin Neukölln	Was: Aktzeichnen der anderen Art – bei Salon Sessions, Comedy-Burlesque u. ä.	Kontakt: pfluegner@gmail.com http://drsketchy-berlin.de

219 Boule-Platz Paul-Lincke-Ufer

Boule ist das Spiel, wo mehrere Spieler ihre Kugeln so nahe wie möglich an die kleinere Zielkugel rollen müssen. Am Paul-Lincke-Ufer gibt's gleich vier Plätze mit Bänken am Landwehrkanal. Relaxen, ein bisschen Sport treiben und nebenbei noch entspannte Unterhaltungen mit den Mitspielern führen. Direkt in der Nähe gibt es auch mehrere Cafés – eine wunderbare Gelegenheit, den Samstagnachmittag ausklingen zu lassen.

Wo	**Info**	
Paul-Lincke-Ufer 10999 Berlin Kreuzberg	Wann: Immer; Frühling/Sommer jeden Fr ab 18.30 Uhr Super-Mêlée	Wer: Vom Anfänger bis zum Deutschen Meister

Brooklyn Beef Club

New York, New York … Berlin, Berlin! Im Brooklyn Beef Club kann man sich nach Fleischeslust so richtig satt essen: Original Rib Eye, T-Bone und Porterhouse Steak und dazu leckere Saucen und Beilagen. Das Beste: Das Fleisch (es wird direkt aus Amerika importiert) wird in einem seltenen Spezialofen bei 850 Grad so richtig saftig. Das Ambiente wirkt locker und trotzdem stilvoll – der Brooklyn Beef Club ist auf jeden Fall einen Besuch wert.

Wer	**Info**	
Köpenicker Straße 02	Wann: Mo–Sa 18–24 Uhr	Kontakt: 030/20 21 58 20
10179 Berlin	Was: Steaks vom Feinsten	www.brooklynbeefclub.com

 ## Skifahren im Sommer

Die Temperaturen steigen, die Strandbäder sind voll – wer dennoch den Winter vermisst, der kann mal beim Indoorski »Der Gletscher« vorbeischauen: Man steht auf seinen Skiern auf einem künstlichen Abhang, und dann geht's los. Und das Beste: Die Bahn ist erst zu Ende, wenn man nicht mehr will … oder fällt. Snowboarder sind natürlich auch willkommen. Skifahren kann man hier auch lernen, und eine Bar zum Aprés-Ski gibt's auch.

Wo	**Info**	
Berliner Straße 21	Wann: Do–So 10–20 Uhr,	Kontakt: 030/479 98 13
13189 Berlin Pankow	ab Sept. tägl.	www.der-gletscher.de
	Wie viel: Ab 18,00 €	

222 Fleischspieße bei Curry 36

Die Currywurst bei »Curry 36« am Mehringdamm ist legendär. Seit 1980 stehen hier Tag und Nacht Partygänger, Taxifahrer, Touristen und Polizisten Schlange. Die Dauerbrenner: »Curry mit« und »Curry ohne«. Wer nicht immer das Gleiche bestellen will, sollte sich an die Fleischspieße wagen: In Öl gebratenes Schweinefleisch mit Zwiebelringen und einer hausgemachten Gewürzmischung. Ein kleines Schaschlik to go – natürlich mit Currysauce.

Wo
Mehringdamm 36
10961 Berlin Kreuzberg

Info
Wann: Mo–Fr 9–4 Uhr,
Sa 10–4 Uhr, So 11–3 Uhr

Kontakt: 030/251 73 68
www.curry36.de

223 Mauer-Tour

Fast 30 Jahre trennte Ost- und West-Berlin die Mauer. Die sollte jeder mal gesehen haben. Ob Todesstreifen, die ehemaligen Grenzübergänge oder der Tränenpalast – jeder Ort hat seine eigene Geschichte … auch die kleinen Kaninchen aus Metall, die in der Chausseestraße eingelassen sind. Alle wichtigen Punkte werden mit dem Rad angefahren, während ein kundiger Guide unterhaltsam und kompetent Hintergrundgeschichte erzählt.

Wo
Zoologischer Garten
10623 Berlin Friedrichshain

Info
Wann: Verschiedene Termine
Wo: Treffpunkt Bahnhof Zoo
Wie viel: 13,00 € (plus 5,00 €

fürs Leihrad), ermäßigt 11,00 €
Kontakt: 030/43 73 99 99
www.berlinonbike.de

 Strand**gut**

Wer den sonnigen Sonntagabend zum perfekten Abschluss bringen will, geht am besten ins Strandgut in Friedrichshain. Hier gibt's auf bequemen Liegestühlen und Sofas jede Menge Platz zum Entspannen. Weicher Sand, nette Leute und ausgelassene Stimmung mit Blick in Richtung Fernsehturm und Oberbaumbrücke verlocken zum Bleiben. Hier kann relaxed, gegessen und getrunken, aber natürlich auch Sport getrieben werden.

Wo	**Info**	
Mühlenstraße 61	Wann: Mo–Do 10–2 Uhr,	Kontakt: 030/48 49 56 61
10243 Berlin Friedrichshain	Fr/Sa 10–4 Uhr, So 10–24 Uhr	www.strandgut-berlin.com

 Café am Kamin

Wo könnte ein Wintertag mit Schmuddelwetter gemütlicher sein, als vor einem Kamin? Wer den nicht zufällig in der eigenen Wohnung stehen hat, kann es sich im Cafè am Kamin gut gehen lassen! Hier gibt's aber nicht nur ein behagliches Feuer, sondern auch hausgemachte Suppen, die von innen wärmen. Aber auch im Sommer ist es in dem Café genauso schön: Dann aber vor allem auf der kleinen Sonnenterrasse!

Wo	**Info**	
Falckensteinstraße 18	Wann: 9–19 Uhr	www.cafe-am-kamin.de
10997 Berlin	Wie viel: So viel der Hunger	
Kreuzberg	fordert	

226 Schloss Sanssouci

Schloss Sanssouci sollte jeder Berliner und Brandenburger mal besuchen – denn kein anderes Schloss ist derart mit der Persönlichkeit Friedrichs des Großen verbunden. Vor Eintritt ins Schloss werden Turnschuhe gegen übergroße Filzlatschen getauscht. Nach einem eindrucksvollen Spaziergang durch die Sommerresidenz des Monarchen geht es direkt weiter durch den Schlosspark, der sich bis zum neuen Palais erstreckt.

Wo
Maulbeerallee
14469 Potsdam
P–Potsdam

Info
Wann: Di–So 10–18 Uhr,
Mo geschlossen
Wie viel: 12,00 € (inkl. Füh-
rung), ermäßigt 8,00 €
Kontakt: 0331/96 94-200
www.spsg.de

227 Berliner Skulpturenfund

Was im Schutt einer Baustelle so rumliegt: Papier, Coladosen … und Überbleibsel der nationalsozialistischen Beschlagnahmeaktion »Entartete Kunst«! Die restaurierten Fundstücke gibt es im Neuen Museum: das »Stehende Mädchen«, der »Kopf«, die »Schwangere«. Hier haben nicht nur Skulpturen den Krieg überstanden, sondern auch das Gebäude, in dem die Sachen liegen . Ein Stück Berlin-Geschichte, das jeder gesehen haben sollte.

Wo
Bodestraße 1
10178 Berlin Mitte

Info
Wann: Mo–Mi 10–18 Uhr,
Do–Sa 10–20 Uhr
Wie viel: 10,00 €, ermäßigt
5,00 €
Kontakt: 030/266 42-42 42
www.neues-museum.de

Ostbloc

Ohne Netz und doppelten Boden hängt man an den Wänden im Ostbloc, Berlins größter Boulderhalle in Lichtenberg. »Bouldern« nennt sich das seilfreie Klettern in Absprunghöhe. Anfänger können einen kostenlosen Kurs mitmachen. Alles, was zum Klettern benötigt wird, kann man sich ausleihen – ein riesengroßer Spaß für jede Altersgruppe. Das Beste: Frühaufsteher sparen richtig Geld. 5,50 Euro kostet der Eintritt bis 14 Uhr.

Wo	**Info**	
Hauptstraße 13	Wann: Täglich 10–23 Uhr	Kontakt: 030/55 49 94 22
10317 Berlin Lichtenberg	Wie viel: 8,50 €, ermäßigt 7,00 €	www.ostbloc.de

Lippenstiftmuseum

Hier werden Frauenträume wahr. Im Lippenstiftmuseum von René Koch gibt's neben der klassischen Führung auch, wie es sich gehört, jede Menge Klatsch und Tratsch über die weibliche Promi-Welt. Außerdem verfügt es über 150 Kussabdrücke von berühmten Diven wie Mireille Mathieu, Bonnie Tyler, Ingrid Steeger und Hildegard Knef. Die aktuelle Lippenstiftfarbe der Saison sowie hilfreiche Schminktipps gibt's gratis obendrauf.

Wo	**Info**	
Helmstedter Straße 16	Wann: Nur nach vorheriger	Kontakt: 030/854 28 29
10717 Berlin Wilmersdorf	Terminvereinbarung	www.lippenstiftmuseum.de

230 Baggerfahren in Brandenburg

Hier werden erwachsene Männer wieder zu kleinen Jungs – beim Baggerfahren in Strausberg. Eine richtig gute Gelegenheit, sich vom stressigen Büroalltag abzulenken. Hier fährt man entweder mit wendigen Kompaktbaggern oder mit mächtigen 30-Tonnern über das zwei Hektar große Baustellengelände. Natürlich gibt's professionelle Einweisung. Wichtig: Feste Kleidung und Schuhe sollten unbedingt mitgebracht werden.

Wo	Informationen	
15344 Strausberg	Kontakt: 0180/560 60 88 (Mo–Fr 8–20 Uhr, Sa 10–16 Uhr)	www.jochen-schweitzer.de

231 Sneaker von Overkill kaufen

Das Paradies für alle Turnschuhfans ist Overkill am Schlesischen Tor! Verspiegelte Wandflächen umgeben die neuesten Kollektionen, die riesige Sneaker-Wand ist ein großartiger Hingucker. Eine filigrane Stahltreppe führt in das erste Obergeschoss, in dem sich der Kunde in Berliner Wohnzimmer-Atmosphäre entspannen kann. Sneaker aller gängigen, internationalen Marken sowie zahlreiche limitierte und seltene Modelle werden präsentiert. Hier findet jeder den passenden Schuh.

Wo	Info	
Köpenicker Straße 195 10997 Berlin Kreuzberg	Wann: Mo–Sa 11–20 Uhr Was: Overkill-Filiale	Kontakt: 030/61 07 66 33 www.overkill.de

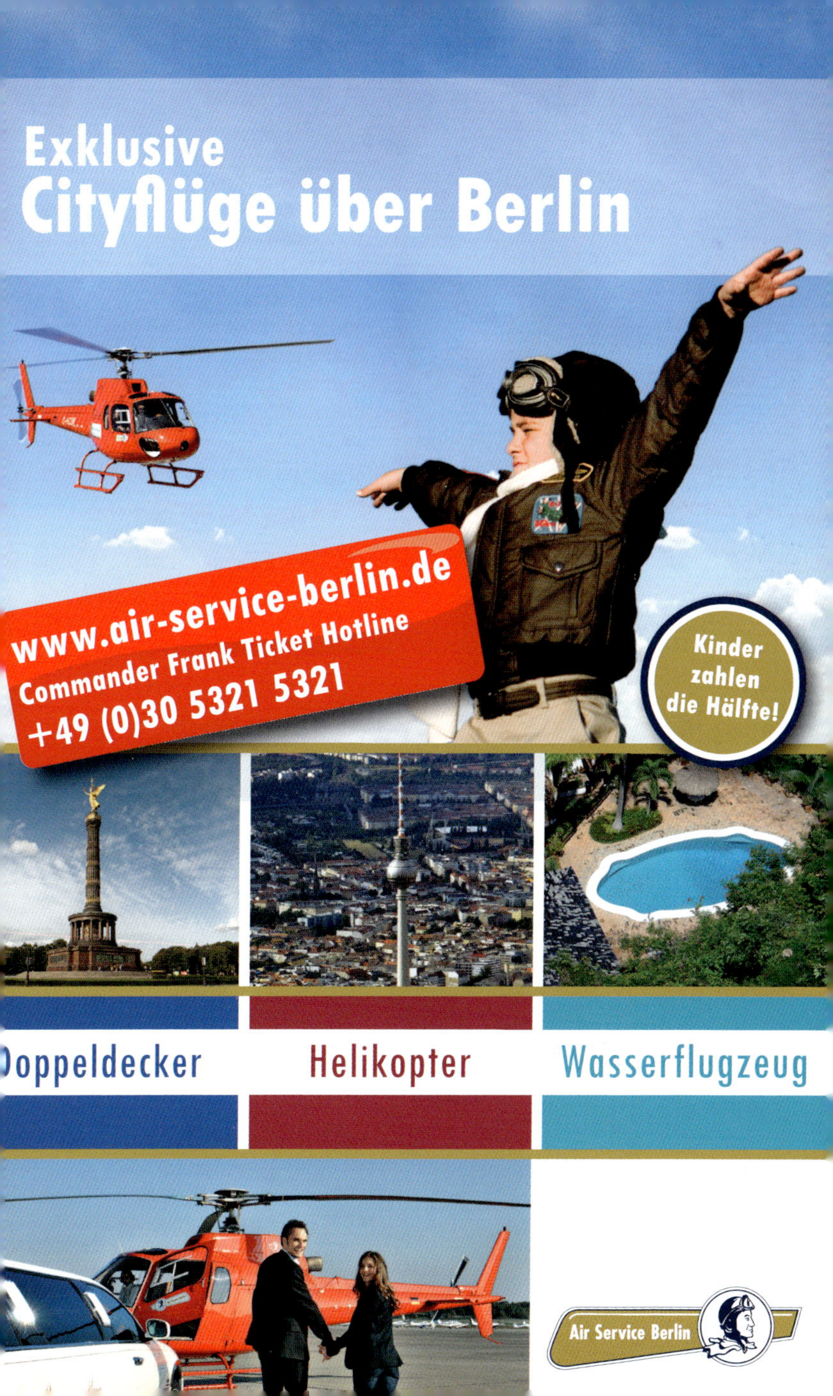

Exklusive
Cityflüge über Berlin

www.air-service-berlin.de

Commander Frank Ticket Hotline

+49 (0)30 5321 5321

Kinder
zahlen
die Hälfte!

Doppeldecker　　Helikopter　　Wasserflugzeug

232 Base Flying

Wer immer schon mal vom höchsten Gebäude Berlins springen wollte, ist beim »Base Flying« genau richtig. So nennt man nämlich den todesmutigen Sprung aus 98 Meter Höhe vom Dach des Park Inn. Mit annähernder Freifallgeschwindigkeit rast man, angeseilt an eine Spezialkonstruktion, auf den Alexanderplatz zu. Wer mindestens 16 Jahre alt ist, kann den 8-Sekunden-Sprung ins Ungewisse wagen – Adrenalin pur!

Wo	Info	
Vom Dach des Park Inn Hotels Alexanderplatz 7 10178 Berlin Mitte	Wann: April–Mai Sa/So 10–19 Uhr, Juni–Okt. Fr/Sa/So 10–19 Uhr	Wie viel: 99,00 € http://jochen-schweizer.de

233 Treptower Hafenfest

Einmal im Jahr wird aus dem Volks- und Kulturpark in Berlin Treptow eine echte Partymeile mit jeder Menge Ständen, die Trödelkram, Bratwurst, Bier und Co. anbieten. Direkt an der Spree findet dann auch das traditionelle Feuerwerk statt – »Treptow in Flammen«. Garantiert ein großartiges Erlebnis für Groß und Klein. Für die ausgelassene Stimmung sorgen ständig wechselnde Künstler auf der großen Showbühne.

Wo	Info	
Bulgarische Straße 12435 Berlin Treptow	Wann: 28.4.–1.5.2012, Feuerwerk am Sa am 22 Uhr	Wie viel: Eintritt frei

»Zu mir oder zu dir?«

»Zu mir oder zu dir?« Die Antwort ist klar. Ab in die Lychener Straße im Prenzl'Berg, zur gleichnamigen Bar. Auch wer hier alleine aufschlägt, ist nicht lang allein. In den gemütlichen Sofas trifft man Ur-Berliner, Zugezogene und Touris aus der ganzen Welt. Tipp: Anfang der Woche gibt's vom DJ Funk & Soul, zum Wochenende trifft sich hier Berlins Partyvolk. Günstige Getränke, lässige Barfrau, kein Dresscode.

Wo	Info	
Lychener Straße 15	Wann: Tägl. 20 Uhr–	Eberswalder Straße
10437 Berlin Prenzlauer Berg	open end	www.zumiroderzudir.com/
	Wo: U2 oder Tram M10	

 ## Hochseilgarten Spremberg

Nichts für Leute mit Höhenangst – im Hochseilgarten in Spremberg gibt's Adrenalin pur. Zu zweit über Seile balancieren, auf acht Meter hohe Baumstämme klettern, übers Netz hangeln oder mit der Riesenschaukel über den Boden fegen … hier kann sich jeder mal so richtig austoben. Unbedingt genug Zeit einplanen – eine Klettertour dauert vier bis fünf Stunden!

Wo	Info	
Alte Poststraße 1	Wann: Nächster Klettertag	Kontakt: 03563/60 52 37
03058 Neuhausen	So, 8.5., Start 14 Uhr	www.prima-abenteuer.de
LOS–Oder-Spree	Wie viel: ab 49,00 €	

 ## Passbildautomat

3, 2, 1 … blitz! Zurück in die 60er mit coolen Schwarz-Weiß-Bildern aus dem Passbildautomaten. Eine originelle Geschenkidee für den Schatz und eine tolle Möglichkeit, um sein Portemonnaie zu pimpen. Einfach den Liebsten schnappen und ab zum Schlesischen Tor. Hier steht einer der schönsten Berlins. Im Zeitalter von iPhone und Co. sind Fotoautomaten Kult und garantieren hohen Spaßfaktor.

Wo	Info	
Berlin Kreuzberg	Wann: Rund um die Uhr	Wie viel: 2,00 € für 4 Fotos
	Wo: Z. B. am U-Bahnhof	www.photoautomat.de
	Schlesisches Tor	

237 Im U-Boot durch den Helenesee

Wer nach ungestörter Ruhe und Entspannung sucht, ist IM Helenesee genau richtig. Als Co-Pilot des Nemo 100 kann man die ganze einzigartige Unterwasserwelt erkunden. Ideal für alle, die im Taucheranzug Platzangst und mit dem Schnorchel im Mund mehr Wasser als Sauerstoff zu sich nehmen. Besonderes Highlight: Bereits nach nur zehn Minuten Einweisung kann man das U-Boot auch alleine fahren.

Wo	Info	
Helenesee 15236 Frankfurt/Oder	Wie viel: »Kleine Nemofahrt« 119,00 €	Kontakt: 0335/610 19 63 www.nemo-100.net

238 Buddy Bears

Sie kommen von überall her und sind schon durch die ganze Welt gereist. Es gibt sie in allen Farben, kariert, gestreift und gemustert. Sie sind alle einzigartig und gehören genau deswegen zu Berlin: die Buddy Bears! Diese Bären sind Kunstwerke für sich! Man findet sie in der Stadt verteilt oder versammelt an einem bestimmten Ort: am Brandenburger Tor, im Hauptbahnhof oder aktuell auf dem Ku'damm; dort wachen sie über Berlin.

Wo	Info	
Überall in Berlin, z. B.: Kurfürstendamm 10719 Berlin Charlottenburg	Was: Buddy Baers sind auf der ganzen Welt fröhliche Berlin-Botschafter; Intention sind	Hilfsaktionen für Kinder in Not www.buddy-baer.com

Galopprennbahn Hoppegarten

239

Zocker aufgepasst! Warum sein ganzes Geld in einem muffigen Casino verprassen, wenn man stattdessen frische Luft atmen kann? Selbstverständlich sollte jeder auch mal die Damen mit den großen Hüten und kleinen Hunden gesehen haben. Dank Hüpfburg, Ponyreiten und Co. ist die Galopprennbahn in Hoppegarten garantiert auch ein super Erlebnis für Kinder. In unregelmäßigem Abstand rennen und reiten Jockey und Pferd um die Wette.

Wo	**Info**	
Goetheallee 1	Wie viel: Eintritt 9,00 €,	Kontakt: 03342/38 93-0
15366 Hoppegarten	ermäßigt 6,00 €, Kinder unter	www.hoppegarten.com
LOS–Oder-Spree	14 Jahren frei	

 # Spiele für Erwachsene

240

Tarnanzüge, Sturmmasken und Farbpatronengewehre. In der Paintball Arena in Schönwalde kann man sich so richtig austoben. In Teams wird gegeneinander gekämpft. In alten leeren Gebäuden gibt's genug Möglichkeiten, sich zu verstecken und den Gegner zu überlisten. Die Ausrüstung kann vor Ort ausgeliehen werden. Je nach Gruppengröße kann man zwischen Action oder Storm Pack wählen, alles inklusive ohne Zeitbegrenzung.

Wo	**Info**	
Schönwalder Straße 23	Wann: Di–Fr 11–18 Uhr, Sa/So	Wie viel: Bis 11 Personen
14612 Falkensee	10–19:30 Uhr (nur mit Voran-	29,95 €, ab 12 Personen 24,95 €
LOS–Oder-Spree	meldung)	www.paintball-schoenwalde.de

241 FEZ Wuhlheide

Für jeden gibt es in der Wuhlheide im FEZ, einem großen Kinder- und Jugendfreizeitzentrum, etwas zu erleben – Veranstaltungen für Kinder, Partys und Konzerte! So umfasst das Angebot Kino für Kinder, basteln, einen Streichelzoo, eine Astrid Lindgren Bühne oder den Orbitall – ein hochmodernes Raumfahrtzentrum! Und baden kann man dort natürlich auch: entweder im Schwimmbad oder sogar im Badesee!

Wo
Straße zum FEZ 2
12459 Berlin Köpenick

Info
Wann: Schulzeit Di–Fr 9–22 Uhr, Sa 13–19 Uhr, So 12–18 Uhr; Sommerferien Di–Fr

11–18 Uhr, Sa/So 12–18 Uhr
Kontakt: 030/530 71-0
www.fez-berlin.de

242 Lutter und Wegner: Speisen wie Stars

Einmal speisen wie ein Star? Das ist möglich – im Lutter und Wegner. Vor Kurzem saßen hier noch Bettina Zimmermann, Udo Walz und sogar »Sex and the city«-Star Sarah Jessica Parker! Das köstliche Speisenangebot reicht von gebratenen Scampis überbacken mit Tomaten und Schafskäse bis zum klassischen Wiener Schnitzel. Wem das zu viel (oder zu teuer) ist, der kann auch nur auf der Sonnenterrasse sitzen und die VIPs beim Essen beobachten.

Wo
Schlüterstraße 55
10629 Berlin Charlottenburg

Info
Wann: Di–So 18–2 Uhr
Wie viel: Suppen ab 6,00 €, Hauptgerichte ab 13,00 €

Kontakt: 030/881 34 40
www.restaurantlutterund-wegner.de

⚠ DTM – EuroSpeedway Lausitz

Spektakuläre Boxenstopps, spannende Kopf-an-Kopf-Rennen, und die besten Motoren der berühmtesten Tourenwagenserie sorgen für einen satten Sound auf dem Grand-Prix-Kurs der Rennstrecke – bei der DTM qualmen die Reifen auf dem Lausitzring. Namhafte Fahrer wie David Coulthard, Ralf Schumacher und Timo Schneider lassen die Herzen der Autofans höher schlagen. 52 Runden und Adrenalin pur … Achtung! Da wird's richtig laut!

Wo	**Info**	
Lausitzallee 1 01998 Schipkau LOS–Oder-Spree	Wann: 4.–6.5.2012 Wie viel: Tickets ab 16,00 €	Kontakt: 035754/310 00 www.lausitzring.de

 WEEKEND

Open Air Gallery

Sommer, Sonne, Sonnenschein – meistens zumindest. Wer dabei auf Kultur und Kunstwerke nicht verzichten möchte, muss das auch nicht. Kein dunkles und staubiges Museum, sondern Kunst und Gemälde Open Air! Das gibt's an der Oberbaumbrücke. Berlins luftigster Schauplatz für tolle Zeichnungen, Skulpturen oder Fotografien. Und so manches Bild sieht im Sonnenlicht gleich noch doppelt so schön aus.

Wo	**Info**	
Oberbaumbrücke 10243 Berlin Friedrichshain	Wann: Jährlich an zwei sommerlichen Sonntagen 10–22 Uhr	Kontakt: 030/61 28 27 00 www.openairgallery.de

245 24 Stunden essen im Schwarzen Café

Wer nachts Heißhunger bekommt, aber keine Lust hat, sich noch an den Herd zu stellen, der ist im Schwarze Café in Charlottenburg richtig! Hier gibt's nicht nur eine ausgezeichnete Speisekarte, sondern auch 24-Stunden-Betrieb – typisch Berlin eben! In gemütlicher Atmosphäre kann man »ohne Zeitdruck« um 3 Uhr morgens frühstücken oder um Mitternacht Kuchen essen und Kaffee trinken. Hungrig geht hier keiner wieder raus.

Wo
Kantstraße 148
10623 Berlin Charlottenburg

Info
Wann: Di–So durchgehend, Ruhezeit Di 3–10 Uhr
Wie viel: Speisen 3,90–15,30 €,

Softdrinks ab 2,40 €, Cocktails ab 6,50 €
www.schwarzescafe-berlin.de

246 Abraumförderbrücke F60

Einen Giganten der Technik kann man in der Niederlausitz bestaunen. Dort steht nämlich die 503 Meter lange, 80 Meter hohe und ganz 11 000 Tonnen schwere Abraumförderbrücke – die weltweit größte bewegliche technische Anlage! Die riesige Stahlkonstruktion, mit der früher Braunkohle abgebaut wurde, nennt man auch »liegenden Eifelturm«. Für die Romantiker gibt's eine Nachtführung, bei der alles von sanften Lichtern bestrahlt wird.

Wo
Bergheider Straße 4
03238 Lichterfeld-Schacksdorf
BAR–Barnim

Info
Wann: März–Okt. Mo–So
10–18 Uhr, Nov.-März Mi–So
11–16 Uhr

Wie viel: Eintritt 1,50 € (ab 5 Jahren), Führung 8,00 €
www.f60.de

Der Tierpark und seine Bewohner

Der Tierpark Berlin hat einiges mehr zu bieten als nur Bären, Giraffen und Pinguine. Über 7400 Tiere haben hier ein Zuhause! Ein Spaziergang lohnt sich schon allein wegen der schönen Parkanlage und dem Schloss Friedrichsfeld! Wem das nicht reicht, der kann zu einer der vielen Veranstaltungen kommen, z. B. zum Tierparkfest. Da kann man dann nicht nur über Tiere, sondern auch Live-Bands und Musiker auf der Freilichtbühne staunen.

Wo	Info	
Tierpark Berlin-Friedrichsfelde	Wann: Tägl. 9–17/19 Uhr	9,00 €, Kinder 6,00 €
Am Tierpark 125	(je nach Jahreszeit)	http://www.tierpark-
10319 Berlin Lichtenberg	Wie viel: 12,00 €, ermäßigt	berlin.de/tierpark.html

Sich an der Weltzeituhr treffen

Alexanderplatz – das Zentrum des Ostens. Viele Sehenswürdigkeiten stehen hier, und es ist ein beliebter Treffpunkt – vor allem an der Weltzeituhr, 1969 errichtet und heute ein Stück Geschichte. Alle großen Städte in den verschiedenen Zeitzonen sind hier zu finden. Ist es in Berlin 15 Uhr, weiß man (wenn man um die Säule herumläuft), dass New York gerade aufsteht, Indien zu Abend isst und Australien schlafen geht. Einzigartig in Berlin.

Wo	Info	
Vor dem Alexanderhaus	Wann: Rund um die Uhr	Städte anzeigt
Alexanderplatz 1	Was: 10 m hohe Uhr, die die	www.berlin.de/orte/sehens-
10178 Berlin Mitte	Uhrzeiten verschiedener	wuerdigkeiten/weltzeituhr

249 Den Berlin-Marathon durchhalten!

Wenn die Straßen gesperrt sind und nicht gerade der Papst zu Besuch ist, heißt es im September: »Auf die Plätze, fertig, los!«. Dann wird gerannt … Berlin-Marathon! Neben London und New York gehört er zu den größten und schnellsten Marathonläufen der Welt. Wer die Bewerbungsfrist verpasst hat (limitiert auf 40 000 Startplätze), darf gern an der Strecke anfeuern. 42 Kilometer reiner Berliner Asphalt – da braucht man viel Luft und Ausdauer!

Wo	**Info**	
Straße des 17. Juni	Wann: 30.9.2012	Stern und Yitzak-Rabin-Straße
Berlin Tiergarten	Wo: Start auf der Straße des 17. Juni zwischen Kleiner	www.bmw-berlin-marathon.com

250 Deutsch-amerikanisches Volksfest

Wilder Westen, Burger, so weit das Auge reicht, und sogar eine kleine Freiheitsstatue – all das gibt's auch einmal im Jahr in Berlin – auf dem deutsch-amerikanischen Volksfest! Über 90 aufregende Bude, Achterbahnen und Karussells laden zu geballtem Rummel ein. Jede Menge Musik, Essen und Spaß sind garantiert. Es wird sogar ein Biker-Treffen und eine Miss-Wahl geben, denn dies ist ein »Fest der unbegrenzten Möglichkeiten«!

Wo	**Info**	
Heidestraße 30	Wann: So–Do 14–23 Uhr,	www.deutsch-amerikani-sches-volksfest.de
10557 Berlin Mitte	Fr–Sa 14–23.30 Uhr	
	Wie viel: 2,00 € pro Person	

Hard Rock Café

Ein Besuch im Hard Rock Café ist nicht nur für Touristen ein absolutes Muss! Hier gibt es leckeres amerikanisches Essen, tolle Cocktails und fetzige Rockmusik – von hart bis kuschelweich. Man kann entweder mit Freunden beim Essen den American Way of Life kennenlernen oder am Abend das Tanzbein schwingen. Und jeden Donnerstag gibt's ab 21.30 Uhr einen Live-Auftritt von tollen, wechselnden Künstlern, den HRC Allstars.

Wo Kurfürstendamm 224 10719 Berlin Charlottenburg	**Info** Wann: So–Do 10–1 Uhr, Fr/Sa 10–2 Uhr	Kontakt: 030/88 46 20 www.hardrock.com

Hauptstadtfloß

Wem schnöde Busrundreisen durch Berlin zu langweilig sind, für den ist eine Tour mit dem Hauptstadtfloß genau das Richtige! Natürlich kann es auch für Badeausflüge mit Freunden gemietet werden – auf 75 Quadratmetern gibt es genug Platz zum Relaxen oder Feiern. Auch Hochzeiten können mit dem Hauptstadtfloß gemacht werden – in jedem Fall ist das eine recht ausgefallene Variante, »Ja« zu sagen.

Wo Historischer Hafen, Am Speicher/Oberbaumbrücke oder Caprivibrücke	**Info** Wann: Mitte April–Okt. Wie lange: 3–3,5 Std. (Kleine City-Tour), 4 Std. (City-Tour),	4,5 Std. (Berlin-hautnah-Tour) 5–5,5 Std. (Berlin-Ost-Tour) www.hauptstadtfloss.de

253 Sky Bar im andel's Hotel

Berlin ist außergewöhnlich, stylisch und – riesig! Um einen Überblick über diese aufregende Stadt zu bekommen, macht man es sich am besten im andel's gemütlich, einem der schicksten 4-Sterne-Hotels in Berlin. In der obersten Etage gibt es nicht nur leckere Cocktails, sondern auch eine atemberaubende Aussicht. Und bei 73 Sitzplätzen bleibt es garantiert ruhig – der perfekte Ort, um gemütlich zu chillen.

Wo	Info	
Landsberger Allee 106 10369 Berlin Lichtenberg	Wann: Täglich 18–2 Uhr Wie viel: Cocktails 8,00– 13,00 €, Snacks ab 9,00 €	www.andelsberlin.com/de/ restaurant-und-bar/skybar/

254 Hard Wax

Wer immer schon wissen wollte, wo Paul van Dyk oder Ricardo Villalobos ihre Platten für den nächsten Gig kaufen, sollte sich das »Hard Wax« in Kreuzberg nicht entgehen lassen. Dieser Laden bietet eine Menge an elektronischer Musik der 80er und 90er. Und natürlich auch die neuesten Club-Tunes. Welche Promi-DJs schon da waren, siehst du an den Autogramm-Wänden des Ladens.

Wo	Info	
Paul-Lincke-Ufer 44 10999 Berlin Kreuzberg	Wann: Mo–Sa 12–20 Uhr Kontakt: 030/61 13 01 11	http://hardwax.com

255 Meistern beim Brauen zuschauen

Das Wochenende naht und man(n) freut sich auf das Feierabendbier. Wie das beliebte Malzgetränk hergestellt wird, kann man in der Berliner-Kindl-Schultheiss-Brauerei erfahren. Hier gibt es Führungen, und nachdem man dem Braumeister über die Schulter geschaut und sich die verschiedenen Gärstufen angesehen hat, gibt es natürlich auch das kühle Blonde zur Verkostung. Prost!

Wo	Info	
Indira-Gandhi-Straße 66 13053 Berlin Lichtenberg	Wann: Mo–Do 10, 14 und 17.30 Uhr Wie viel: Brauereiführung	5,00 €, Führung mit Bierverkostung 9,00 € www.berliner-kindl.de

Tag der Deutschen Einheit feiern

Der Tag der Deutschen Einheit ist wohl gerade für Berlin ein ganz besonderer Tag – und das wird gefeiert! Was eignet sich da als Location besser als das Brandenburger Tor? Die Straße des 17. Juni wird dann zur Familienfest-Meile mit vielen Bühnen und einem Riesenrad. Auf der großen 104.6-RTL-Bühne rocken große Bands und coole Künstler die Bühne und feiern mit euch den ganzen Tag. Einfach vorbeikommen und Spaß haben – der Eintritt ist frei!

Wo	**Info**	
Am Brandenburger Tor/ Straße des 17. Juni Berlin Tiergarten	Wann: 3. Oktober Wie viel: Kostenlos	www.104.6rtl.com/events/fest -tag-deutschen-einheit

Schwules Museum

Berlin ist im Herzen sehr tolerant. Jeder kann hier leben. Darum ist Berlin für viele Schwule der Ort zum Leben. Natürlich darf ein eigenes Museum nicht fehlen. Zu sehen gibt es alles über »die andere Seite« – und das ist nicht nur für Schwule interessant. Von der Entwicklung der schwulen Emanzipation bis hin zur sozialen Geschichte kann man hier allerlei lernen. Natürlich sind alle Geschlechter willkommen, egal ob homo-, hetero- oder bisexuell!

Wo	**Info**	
Mehringdamm 61 10961 Berlin Kreuzberg	Wann: Täglich außer Di, 14– 18 Uhr, Sa bis 19 Uhr Wie viel: 5,00 €, ermäßigt 3,00 €	Kontakt: 030/69 59 90 50 www.schwulesmuseum.de

258 Die Siegessäule erobern

Sie wird liebevoll »Goldelse« genannt und ist eines der bekanntesten Wahrzeichen der Hauptstadt: die Siegessäule. Als waschechter Berliner sollte man natürlich auf keinen Fall die Mühe scheuen und die 285 Stufen zur Aussichtsplattform nach oben erklimmen. Endlich angekommen, wird man von einem wunderbaren Ausblick belohnt – man kann die ganze Stadt überblicken und dabei echte Berliner Luft schnuppern!

Wo
Straße des 17. Juni
Berlin Tiergarten

Info
Wann: Mo–Fr 9.30–18.30 Uhr,
Sa/So 9.30–19Uhr
Wie viel: 3,00 €, ermäßigt 2,50 €

www.berlin.de/orte/sehenswuerdigkeiten/siegessaeule/

259 Bei IKEA gegen den Strom laufen

Ab am Wochenende zu IKEA in Tempelhof. Ich kann euch sagen – DAS wird ein Erlebnis! Unser Tipp, um die Berliner einmal besser kennenzulernen: Schnapp' dir einen Wagen und fahre mit ihm entgegen der Laufrichtung durch die Ausstellungsräume! Am Wochenende tobt da der Mob, Familien mit Kindern, was sag' ich: Großfamilien mit 1000 Kindern! Und ALLE lernt man kennen, wenn man gegen den Strom läuft.

Wo
Sachsendamm 47
10829 Berlin Tempelhof

Info
Wann: Mo–Do/Sa 10–21 Uhr,
Fr 10–22 Uhr
Wo: Auch in Spandau, Walters-

dorf, Lichtenberg
www.ikea.de

Buchstabenmuseum

260

Berlin ist durchgeknallt – keine Frage! Gerade darum dürfen wir auch eines der verrücktesten Museen Deutschlands haben: das Buchstabenmuseum. Ob ein »U« vom U-Bahnhof Frankfurter Tor, das typische Sparkassenlogo oder das Zeichen der Markthalle am Alex – all diese alten Buchstaben, Schriftzüge und Logos findet man hier, z. B. das Hertie-Logo, das nach der Schließung symbolisch in der Spree versenkt wurde. Kurios – eben »echt Berlin«.

Wo	Info	
Karl-Liebknecht-Straße 13 10178 Berlin Mitte	Wann: Do–Sa 13–15 Uhr Wie viel: 2,50 €	Kontakt: 0177/420 15 87 www.buchstabenmuseum.de

Westernstadt »El Dorado«

261

Der Wilde Westen gleich nebenan. In Templin tobt der pure Western! Dort gibt's Cowboys, Pferde, Indianer und natürlich einen Sheriff, der auf das Western-Dorf »El Dorado« aufpasst. Aber »El Dorado« ist mehr als nur eine beeindruckende Kulisse. Hier kann man richtiges Western-Feeling erleben: Gold waschen, Postkutsche fahren oder Bogenschießen begeistern nicht nur – wenn auch vor allem – die kleinen Helden.

Wo	Info	
Am Röddelinsee 1 17268 Templin OHV–Oberhavel	Wann: April–Okt., tägl. 10–18 Uhr Wie viel: 11,00 €, Kinder 9,00 €	Kontakt: 03987/208 40 www.eldorado-templin.de

262 FC Magnet Bar

Angefangen als Clubheim für den Fußballverein FC Magnet Mitte, hat sich die Bar mittlerweile einen guten Ruf bei allen Fußballfans gemacht. Mit fabelhafter Bild- und Tontechnik werden in mehreren Räumen über Konferenzschaltung Premier League, Champions League und alle wichtigen internationalen Fußballereignisse präsentiert. An einem gut gewarteten Kicker kann man gegen geübte Gegner spielen. Hertha-Fans gibt's hier übrigens kaum.

Wo
Veteranenstraße 26
10119 Berlin Mitte

Info
Wann: Tägl. ab 19 Uhr
Wo: Nähe S-Bahnhof Nordbahnhof, U-Bahnhof Rosen-

thaler Platz
www.fcmagnetbar.de

263 Fußbadcafé

Schönheitssalons gibt's in Berlin wie Sand am Meer. Wer vor dem Sommerurlaub nicht nur Füße und Hände verwöhnen lassen will, sondern auch den Magen, sollte ins Fußbadcafé. Hier gibt's die volle Verwöhn-Tour inklusive leckerem Kaffee und Kuchen! Sogar Massagen werden angeboten … es ist also wirklich an alles gedacht! Eine einzigartige Mischung aus Beauty-Programm und gemütlichem Café-Besuch.

Wo
Zionskirchstraße 32
10119 Berlin Mitte

Info
Wann: Mo–Sa 10–18 Uhr,
Sa 10–18 Uhr (Winter Mo–Sa
10–18 Uhr)

Kontakt: 030/49 78 73 79
www.fussbadcafe.de

yoyo Foodworld

Hot Dogs, Partybällchen und Nuggets: Was haben diese drei Sachen gemeinsam? Genau – sie sind vegan! Im yoyo in Friedrichshain gibt's alles, was das Veganerherz begehrt: Salamipizza, Burger, Gyros und Bockwurst mit Kartoffelsalat – natürlich ohne tierische Inhaltsstoffe. Entweder isst man direkt vor Ort oder nimmt sich sein Essen mit nach Hause. Interessant: Tatsächlich sind mehr als die Hälfte der Besucher Fleischesser!

Wo	**Info**	
Gärtnerstraße 27	Wann: Tägl. 12–24 Uhr	Kontakt: 030/49 78 73 84
10245 Berlin Friedrichshain	Wie viel: Speisen ab 2,99 €	www.yoyofoodworld.de
	(Burger), Getränke ab 1,50 €	

 Classic Open Air

Seit 20 Jahren gibt es einmal im Jahr Klassik für jeden: das Classic Open Air auf dem Gendarmenmarkt, für jeden Musikfan ein Muss: Egal ob Pop, Rock oder Jazz – es ist für alle was dabei! Natürlich werden hier nicht die Originale gespielt. Die Songs sind mit Orchestern einstudiert, die einem in der Open-Air-Woche eine Gänsehaut verpassen. Die Kleinen kriegen sogar ein eigenes Kinderkonzert, und am Ende gibt's für alle ein Abschluss-Feuerwerk.

Wo	**Info**	
Gendarmenmarkt	Wann: 5.–10. Juli 2012	Kontakt: 030/31 57 54-0
10117 Berlin Mitte	Wie viel: Ab 39,00 €	www.classicopenair.de

266 Golfen bei den Hauptstadtgolfern

Für ein besseres Handicap braucht man kein gutes Wetter. Bei den Hauptstadtgolfern in Schönefeld spielen Profis oder Amateure mit Golflehrern auf fast 30 Plätzen, um ihren Ballflug zu verbessern. Danach genehmigt man sich am besten ein kühles Getränk in der hauseigenen TeeTime Bar – natürlich mit allen Golf-mit-Sport-übertragungen live auf Sky. Als Golfer oder Golfinteressierter darf man sich das nicht entgehen lassen.

Wo
Am Airport 7
12529 Schönefeld Tempelhof

Info
Wann: Mo–Fr 10–22 Uhr
Wie viel: Ab 29,00 €
(Schnupperkurs)

Kontakt: 03379/32 25 94
www.hauptstadtgolfer.de

267 Energie auftanken im Ono Spa

Ein wahrer Ort der Wärme, des Wohlbefindens und der inneren Ruhe. Das schönste Spa der Stadt befindet sich direkt am Potsdamer Platz im elften Stock des Mandala Hotels. Mit Blick auf ganz Berlin kann man sich an keinem Ort besser entspannen: Tolle Massagen zum Stressabbau, schwitzen in den Saunen. Und die Anwendung auf der Iyashi-Dome-Liege erwärmt den Körper in wenigen Minuten und dient zur Entgiftung und Entschlackung.

Wo
Potsdamer Straße 3
10785 Berlin Mitte

Info
Wann: Day Spa, Mo–Sa
11–22 Uhr, So 11–19 Uhr,
Fitness 24 Std.

Kontakt: 030/590 05 11 00
welcome@onospa.de
www.themandala.de

Rock 'n' Roll Bingo

Bingo: Rentnersause, Kaffeeklatsch und eine Ruhe, bei der man eine Stecknadel fallen hören kann. Die Zeiten, in denen nur ältere Herrschaften das Zahlenspiel gespielt haben, sind vorbei. Beim Rock'n'Roll Bingo gibt's statt langweiligen Zahlen bekannte Rockbands. Ein Song wird gespielt – die dazugehörige Band gestrichen. Die Gewinner bekommen einen Preis: ein Abendessen für zwei, einen Getränkegutschein oder CDs und Vinyls.

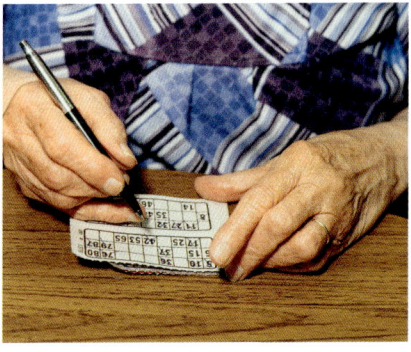

Wo
Schönhauser Allee 6
10119 Berlin Mitte

Info
Wann: S. Events-Ankündigungen auf der Homepage
Wie viel: Eintritt 4,00 €

Kontakt: 030/50 34 86 68
www.whitetrashfastfood.com

Jüdisches Museum

Auf den ersten Blick wirkt das Jüdische Museum in Kreuzberg wie ein Meisterwerk eines großen Architekten. Hinter der Fassade stecken zwei Jahrtausende bewegender deutsch-jüdischer Geschichte. Die Ausstellung wird immer wieder aktualisiert, immer mehr Ausstellungsstücke kommen hinzu. Jede Menge Bilder, Skulpturen, Audio- und Videomaterial machen aus dem Museumsbesuch ein spannendes Erlebnis.

Wo
Lindenstraße 9
10969 Berlin Kreuzberg

Info
Wann: Mo 10–22 Uhr,
Di–So 10–20 Uhr
Wie viel: 5,00 €, ermäßigt 2,50 €

Kontakt: 030/25 99 30 00
www.jmberlin.de

270 Das erste Freilufthotel der Welt

Wer das erste Mal im Scube-Park ist, wird sich sicher nur schwer mit dem Gedanken anfreunden können, in sieben Quadratmeter großen Holzwürfeln zu übernachten. Tatsächlich aber bietet ein Würfel Schlafmöglichkeiten für bis zu vier Personen. Da sich die Wohnwürfel mitten auf der Liegewiese des Prinzenbads befinden, steht dem Badespaß vor oder nach einer unvergesslichen Nacht nichts im Weg.

Wo	Info	
Warschauer Straße 61 10243 Berlin Friedrichshain	Wie viel: Hauptsaison 69,00 €, Nebensaison 49,00 € (pro Nacht und Scube)	Kontakt: 030/69 80 78 41 http://scube-parks.de

271 Survivaltraining

Notlandung in der Wildnis, weit und breit kein Mensch …was nun? Wie komme ich da wieder raus? Das Team vom Überlebenstraining klärt all diese Fragen. Einen kompletten Tag lang lernt man hier das A und O, um im Fall der Fälle zu überleben. Das Beste: Die Location ist frei wählbar, ob im Wald des Vertrauens oder einem fremden Gelände; einfach anrufen, bestellen, und das Survival Team kommt vorbei.

Wo	Info	
Bleibtreustraße 36 10707 Berlin Charlottenburg	Wie viel: Ab 89,00 €	www.berlin-brandenburg-events.de

272 Geheimtipp: Bandol sur mer

Das Bandol sur mer ist der Berliner Geheimtipp der französischen Küche – Prominente wie Brad Pitt lassen sich hier auch gerne hin und wieder mal blicken. Eine Speisekarte gibt's nicht, alle Gerichte werden mit Kreide auf die Tafelwände geschrieben – der Schwerpunkt: Meeresfrüchte. Tipp: Unbedingt telefonisch reservieren, denn das Bandol sur mer ist zu jeder Zeit gut besucht.

Wo	Info	
Torstraße 167 (U-Bhf. Rosenthaler Platz) 10115 Berlin Mitte	Wann: Tägl. ab 18 Uhr, Küche bis 23 Uhr Wie viel: Speisen 10,50–24,50 €,	Getränke ab 2,50 € Kontakt: 030/67 30 20 51

ADFC: Den Drahtesel flott machen! 273

Mit dem Fahrrad kommt man in Berlin immer gut voran. Auch, wenn die Öffentlichen mal wieder streiken oder der Sprit teurer wird. Wichtig ist dafür natürlich, dass das Vehikel ordentlich rollt. Dafür bietet der deutsche Fahrradclub eine kostenlose Selbsthilfewerkstatt an. Ersatzteile und Zubehör können vor Ort günstig erworben oder bestellt werden, und bei Fragen gibt es fachmännische Anleitung und Beratung.

Wo	**Info**	
Brunnenstraße 28	Was: Fahrrad-Selbsthilfewerk-statt	12–20 Uhr, Sa 10–16 Uhr (tw. nur für Mitglieder)
10119 Berlin Mitte	Wann: Mi/Fr 17–20 Uhr, Mo–Fr	Kontakt: 030/448 47 24

Mit den Pinguinen schwimmen 274

Wer immer schon mal mit den süßen Frackträgern um die Wette schwimmen wollte, ist beim Pinguin-Schwimmen im Bade- und Saunaparadies in Lübbenau im Spreewald genau richtig – ein großartiges Erlebnis für Groß und Klein. Bei 32 Grad Wassertemperatur kann man, nur durch eine Glasscheibe getrennt, den Pingus ganz nah sein. Zweimal täglich ist große Fütterung, bei der man Fragen stellen und zusehen kann.

Wo	**Info**	
Alte Huttung 13	Wann: So–Do 9–22 Uhr,	Kontakt: 03542/89 41 60
03222 Lübbenau/Spreewald	Fr/Sa 9–23 Uhr	www.spreewelten-bad.de
LDS–Dahme-Spreewald		

275 Im Schokoladenrestaurant

Gänseleberpastete im Schokomantel oder Caesars Salad mit Kakao – super lecker! Bei »Fassbender und Rausch« gibt's alle Spezialitäten rund um oder in Schokolade. Ob gleich essen, kaufen und zu Hause naschen oder nur gucken – hier ist für jeden Schokoladentyp was dabei. Highlight: Im Schokoladenhaus gibt es historische Bauwerke zu bewundern: das Brandenburger Schokoladen-Tor oder auch den Berliner Schokoladen-Reichstag.

Wo
Charlottenstraße 60
10117 Berlin Mitte

Info
Wann: Mo–Sa 10–20 Uhr,
So 11–20 Uhr

Kontakt: 0800/757 88 10
www.fassbender-rausch.de

276 Kaiser-Wilhelm-Gedächtnis-Kirche

Sie ist Wahrzeichen und Mahnmal zugleich: die Kaiser-Wilhelm-Gedächtnis-Kirche. Jeder kennt sie, dennoch waren die meisten noch nie drin. Die Turmruine aus dem Jahr 1895 erinnert an die Zerstörungen im Zweiten Weltkrieg bei einem Bombenangriff. Wer schon immer mal dachte »eigentlich müsste man da mal rein«, für den ist jetzt der richtige Zeitpunkt, um sich einmal eine kleine Pause vom hektischen Stadtleben zu gönnen.

Wo
Breitscheidplatz 1
10789 Berlin

Info
Wann: Tägl. 9–19 Uhr, Gottesdienst So 10/18 Uhr, Andachten Mo–Fr 13/17.30/18 Uhr

Kontakt: 030/218 50 23
www.gedaechtniskirche-berlin.de

Kaffee trinken im Hotel Adlon

Promis gucken und sich dabei selbst »very important« fühlen: Das kann man wunderbar in Berlins bekanntestem Luxushotel, dem »Adlon Kempinski«. Die Stars und Sternchen gehen hier ein und aus, die meisten von uns haben aber wohl nicht das nötige Kleingeld für eine Übernachtung. Doch zumindest ein Kaffee sollte wohl drin sein. Das lohnt sich allein schon wegen des perfekten Blicks aufs Brandenburger Tor.

Wo	**Info**	
Unter den Linden 77 10117 Berlin Charlottenburg	Wann: Tägl. 8–1 Uhr (Lobby, Lounge & Bar), Mo/Fr/Sa ab 23, Do ab 21 Uhr (Felix Club)	Kontakt: 030/22 61-0 www.kempinski.com/en/berlinadlon/Pages/Welcome.aspx

Bergmannstraße

Die Bergmannstraße ist eine der beliebtesten Treffpunkte für alle Partyfans. Jede Menge Bars, Kneipen, Restaurants und Clubs machen den Bergmannkiez zur nächtlichen Partymeile und ziehen Menschen aus der ganzen Welt an. Tagsüber kann man in einem der Trödel- und Antiquitätengeschäfte stöbern, shoppen gehen, Galerien besuchen oder im »Knofi«-Laden gefüllte türkische Blätterteigtaschen probieren.

Wo	**Info**	
Bergmannstraße U-Bahnhof Mehringdamm (U6/U7) 10961 Berlin Kreuzberg	Was: Bars/Cafés/Restaurants, Dienstleistungen, Galerien, Shopping, Unterricht usw.	www.bergmannkiez-berlin.de

279 Flohmarkt am Mauerpark

Der Flohmarkt am Mauerpark hat das ganze Jahr geöffnet. Jeden Sonntag kann man hier stöbern, was die Stände hergeben: Geräte aus Haushaltsauflösungen, Pflanzen, Mode und noch jede Menge anderes , was Lust aufs Trödeln macht. Wer auch selbst einige Sachen loswerden möchte, kann sich für wenig Geld einen Standplatz anmieten – ein Spaß für die ganze Familie und eine schönere Lösung, als am Sonntag auf der Couch zu lümmeln.

Wo	Info	
Bernauer Straße 63–64	Wann: So 7–17 Uhr	Kontakt: 0176/29 25 00 21
13355 Berlin Mitte	Was: Flohmarkt	www.mauerparkmarkt.de

280 Gedenkstätte Sachsenhausen

Im Jahr 1936 wird in Sachsenhausen ein Konzentrationslager eröffnet. Viele Menschen sind hier umgekommen. Heute ist es ein Museum und erzählt von der Geschichte. Wie lief das Leben ab? Was passierte mit den Menschen, die von den Nazis da hingebracht wurden? So erdrückend eine Führung durch das KZ auch ist, so lehrreich ist sie auch. Geschichtsunterricht nicht nur für Schulen. Hier sollte jeder mal vorbeigucken.

Wo	Info	
Straße der Nationen 22	Wann: Tägl. 8.30–16.30 Uhr	15 Personen, 25,00 € für bis zu
16515 Oranienburg	Wie viel: Der Eintritt ist frei,	30 Personen
OHV–Oberhavel	Führungen 15,00 € für bis zu	www.stiftung-bg.de

281 Der echte Berliner Bär

1280. Aus diesem Jahr stammt das älteste bekannte Bärensiegel von Berlin. Und seitdem ist das Wappentier der Stadt eben … ein Bär. Genauer gesagt eine Bärin namens »Schnute«. Sie lebt im Bärenzwinger im Köllnischen Park in Berlin Mitte mit ihrer Tochter »Maxi«. Wer die beiden sehen will, muss allerdings ab und an aber etwas Geduld mitbringen: Beide kommen erst dann raus, wenn sie Lust haben. Typisch Berliner eben.

Wo	Info	
Rungestraße 10179 Berlin Mitte	Wo: Im Köllnischen Park, hinter dem Märkischen Museum Wie viel: Kostenlos	www.berliner-baeren-freunde.de

282 Carillon-Glockenspiel anhören

42 Meter hoch, 68 Glocken stark: Das sind die Maße des Berliner Carillons im Tiergarten. Das Turmglockenspiel wurde der Hauptstadt zum 750. Geburtstag geschenkt und erklingt seitdem zweimal täglich … mittags um zwölf und abends um 18 Uhr. Ein Tipp: Zu besonderen Anlässen – zum Beispiel für den perfekten Heiratsantrag – kann man die Carillon-Musik »buchen«. Weitere Informationen gibt es vor Ort am Turm.

Wo	Info	
John-Foster-Dulles-Allee 10557 Berlin	Wann: Glockenspiel täglich um 12 und 18 Uhr	Wie viel: Kostenlos www.carillon-berlin.de

Festival of Lights

Einmal im Jahr – im Oktober – wird Berlin in ein ganz besonderes Licht getaucht: zum »Festival of Lights«. Vom Dom bis zum Funkturm – alle Sehenswürdigkeiten werden von bunten Lichtern angestrahlt. Ein Tipp für alle Verliebten oder »Gedateten«: Eine der schönsten Touren geht vom hell bestrahlten Fernsehturm am Alex über die Straße »Unter den Linden« bis zum bunt bestrahlten Brandenburger Tor.

Wo
Überall in der Stadt, verschiedene Touren

Info
Wann: 12.–23. Okt.
Offizielles Zentrum: Potsdamer Platz

Wie viel: Kostenlos
http://festival-of-lights.de

Party im Klub International

Klar, ins Kino gehen und die neusten Filme mit Johnny Depp und Co. sehen macht Spaß! Aber noch cooler ist es, wenn das Kino nachts zum Tanzsaal wird – wie das Kino International in Friedrichshain. Hier rocken neben Kinofans und Party-Gängern sogar die Weltstars die drei riesigen Floors. Jeden ersten Samstag im Monat kannst du im Klub International mitfeiern. Und zum Entspannen danach geht's einen Stock höher in die Panoramabar.

Wo
Karl-Marx Allee 33
10178 Berlin Friedrichshain

Info
Wann: Jeden ersten Sa im Monat
Wie viel: Bis 24 Uhr 6,00 €,

danach 8,00 €
www.klub-international.com

285 Paternoster fahren

In Zeiten modernster Technik und Architektur ist es immer wieder beeindruckend, welche historischen Schätze man in Berlin finden kann: z. B. den Vorgänger der heutigen Fahrstühle, den Paternoster. Das sind diese offenen Fahrstühle, die ohne zu halten die ganze Zeit langsam im Kreis fahren. Man steigt einfach ein, wenn er vorbeifährt, und wieder aus, wenn er im richtigen Stockwerk angekommen ist – z. B. im Rathaus Schöneberg.

Wo
John-F.-Kennedy-Platz 1
Rathaus Schönefeld
10825 Berlin Schöneberg

Info
Wann: Mo 8–15 Uhr, Di/Do
11–18 Uhr, Mi/Fr 8–13 Uhr
Kontakt: 030/902 77-70 00

www.berlin.de/orte/sehenswuerdigkeiten/rathaus-schoeneberg/

286 Dinosaurier im Naturkundemuseum

Wer ein echtes Dinosaurierskelett bestaunen, das Sonnensytem und den Kosmos erforschen und die weltweit modernsten Forschungssammlungen betrachten will, muss ins größte Naturkundemuseum Deutschlands. Für Klein und Groß gibt's hier über 30 Millionen Ausstellungsstücke auf 7000 Quadratmetern. Neben den vielen präparierten Tierarten ist wohl das 13,27 Meter hohe Skelett des Brachiosaurus das Highlight überhaupt.

Wo
Invalidenstraße 43
10115 Berlin Mitte

Info
Wann: Di–Fr 9.30–18 Uhr, Sa–
So 10–18 Uhr; Mo geschlossen
Wie viel: 6,00 €, ermäßigt 3,50 €

www.naturkundemuseum-berlin.de

Schnitzeljagd für Erwachsene

Wer keine Lust auf Stadtrundfahrten mit Bus oder Boot hat, ist hier genau richtig! »Berlin Rallye« nennt sich die Schnitzeljagd für Erwachsene, bei der man in drei Stunden die tollsten Sehenswürdigkeiten zu Fuß erkundet. Bewaffnet mit Heft und Stift, rätselt man sich durch die Hauptstadt. Es gibt verschiedene Rallyes (u. a. Agenten-Rallye, Marlene Dietrich & die goldenen Zwanziger) zum Mitmachen.

Wo	Info	
Riemannstraße 7 10961 Berlin Kreuzberg	Was: Schnitzeljagd für Erwachsene Wie viel: Ab 20,00 €	Kontakt: 030/32 59 26 16 www.berlin-rallye.com

Auf dem Scharmützelsee schwitzen

In die Sauna gehen hält fit und gesund! Wer aber nicht nur irgendwo auf einer langweiligen Holzbank sitzen und schwitzen will, kann es mal auf dem Wasser probieren – auf dem 15 Meter langen Saunaboot »Mantabo« in Bad Saarow! Hier kann man gemütlich über den Scharmützelsee fahren, die Landschaft durch große Panoramafenster genießen und dabei in Ruhe saunieren. Die Sauna der besonderen Art.

Wo	Info	
Uferstraße 15 15526 Bad Saarow LOS–Oder-Spree	Wann: Tägl. für 3 Std. ab 9, 14 und 19 Uhr Wo: Fontanepark, gegenüber	der Dampferanlegestelle Wie viel: Ab 39,00 € www.mantabo.de

Am Hauptstadtstrand: Capital Beach

Wer sich mal so richtig entspannen will, ist am Hauptstadtstrand genau richtig. Hier gibt's Liegestühle und Strandkörbe zum Relaxen und Brunchen. Wer Action sucht, kann bei wechselnden Veranstaltungen abfeiern. Gegen den Hunger gibt es Baguettes, Backkartoffeln, Flammkuchen und vieles mehr. Auf der Getränkekarte stehen 60 Cocktailsorten, Longdrinks und nicht alkoholische Getränke.

Wo	Info	
10557 Berlin Tiergarten	Wann: Tägl. ab 10 Uhr Wo: Am Hauptbahnhof	Kontakt: 0163/565 41 22 www.capital-beach.eu

290 Eine echte Husky-Tour machen

Wer schon immer davon geträumt hat, eine romantische Schlittenhundfahrt zu machen, muss dafür nicht extra in den Norden fliegen. Dieses spannende Abenteuer kann man mit Stonecreek Tours nämlich auch im nahe gelegenen Strausberg erleben – dafür muss nicht mal Schnee liegen. Mit einem echten Husky-Rudel geht's durch das schöne Brandenburg auf Schnupperfahrt, Tagestour oder Wochenendtrip. Auf die Schlitten, fertig, los!

Wo
Biesower Straße 1
15345 Prötzel
MOL–Märkisch-Oderland

Info
Wann: April–Nov.
Treffpunkt: »Wolfstall« bei Strausberg

Wie viel: Schnupperkurs 39,00/ ermäßigt 29,00 € (ab 2 Pers.)
www.huskytouren.de

291 Currywurstmuseum

Berlin ohne Currywurst wäre einfach nicht Berlin! Deswegen gibt's auch nur hier das erste und einzige Currywurstmuseum Deutschlands! Fans und Liebhaber der scharfen Wurst können hier nicht nur viel über ihre Geschichte lernen, sondern sie mit allen Sinnen erleben: Selbst mal in einer Imbiss-Bude stehen, in der Gewürzküche Curry schnuppern, am Computer Wurst um die Wette schneiden oder einmal »Currywurst in the Cup« probieren.

Wo
Schützenstraße 70
10117 Berlin Mitte

Info
Wann: Tägl. 10–22 Uhr (20 Uhr letzter Einlass)
Wie viel: 7,00–11,00 €

Kontakt: 030/88 71 86-30
www.currywurstmuseum.de

Alles setzen im Casino Berlin

Zocken, bangen, jubeln: Wenn es heißt »Rien ne va plus!«, ist hoffen angesagt! Im Casino ist immer was los. Der Saal knistert vor Spannung! Mitten in Berlin, direkt am Fernsehturm, wird in der Nacht gepokert, Roulette oder am Automaten gespielt. Einmal im Leben sollte man sein Glück herausfordern und auf Schwarz oder Rot setzen. Und wenn's nicht klappt? Auch nicht schlimm, denn wie heißt es so schön: Pech im Spiel – Glück in der Liebe!

Wo	Info	
Panoramastraße 1a 10178 Berlin Mitte	Wann: 11–3 Uhr (außer Feier-tage), Klassisches Spiel 19–3 Uhr Wie viel: Tageskarte 1,00 € ab	18 Jahren www.westspiel.de/casinos/ berlin

Ausflug nach Rheinsberg

So sehr wir Berlin auch lieben: Manchmal braucht man doch eine Auszeit – auch von der großen Liebe! Einfach ein bisschen Ruhe, Natur und frische Luft genießen. In Brandenburg gibt's eine kleine, aber sehr romantische Stadt: Rheinsberg. Gemütlich am See spazieren gehen, das Schloss erkunden oder ein Konzert anhören – Möglichkeiten zum Abschalten gibt's hier genug. Die perfekte Mischung aus Natur, Kunst und Kultur: eine Reise ins Paradies.

Wo	Info	
Rheinsberg OHV–Oberhavel	Wann: April–Okt. Di–So 10–18 Uhr, Nov.–März Di–So 10–17 Uhr Wie viel: April–Okt. 6,00 €, er-	mäßigt 5,00 €, Nov.–März 4,00 €, ermäßigt: 3,00 € www.schloss-rheinsberg.de

294 Wo Robbie Williams joggen geht

Diese Strecke wurde sogar von Robbie Williams und Placido Domingo schon getestet. Vom Waldweg aus geht es bergab auf den Gedenkweg ins Naturschutzgebiet, die Treppe hinunter, den Waldweg entlang, bis der Weg unter der S-Bahn-Brücke hindurchführt. Vom Wasserschutzgebiet joggt man über die Dorfstraße bis zum Havelufer, dann über den kleinen Waldweg zur Stößenseebrücke und auf der Glockenturmstraße zurück zum Ausgangspunkt.

Wo	**Info**	
Am Glockenturm	Wann: So oft es geht	Wo: Am Glockenturm, direkt
14053 Berlin Charlottenburg	Was: Jogging-Strecke	an der Waldbühne

295 Scheinbar ins Varieté

Das Scheinbar Varieté in Schöneberg ist lustig, ernst, warmherzig, böse, professionell und amateurhaft. Was hier »scheinbar« nicht zusammenpasst, ist für die Besucher jedes Mal ein Erlebnis. Zur Open Stage Night kann jeder kommen; Laien und Profis haben die Möglichkeit, für sieben Minuten Star der Bühne zu sein und die Leute zum Lachen oder Weinen zu bringen. Egal ob singen, tanzen, reden oder schweigen – garantiert einen Besuch wert.

Wo	**Info**	
Monumentenstraße 9	Wann: Mi–So 20.30 Uhr	Kontakt: 030/784 55 39
10829 Berlin Schöneberg	Wie viel: Eintritt ab 7,00 €	www.scheinbar.de

Florida in der Box

Ein blaues Häuschen mit Sonnendeck oben drauf: Das ist die Eisbox von Florida Eis – eine winzige Eisdiele in Form einer riesigen Getränkedose. Das Besondere: Die Fruchtsorten sind komplett laktosefrei, und man kann sich sein Lieblingseis sogar mit dem Eis Express ins Büro liefern lassen! Katrin, 23, Mitte: »Ich kenn' die Eisdiele noch aus ganz frühen Kindertagen. Aufgewachsen bin ich nämlich in Spandau, und da hat es Florida als Erstes gegeben.«

Wo	Info	
Klosterstraße 15	Wo/wann: Klosterstraße 15:	Tegel 8: tägl. 11–19 Uhr; Alt-
13581 Berlin Spandau	tägl. 12–23 Uhr; Altstädter	Tegel 28: tägl. 11–20 Uhr
	Ring 1: tägl. 11–21 Uhr; Alt-	www.eiscafe-florida.de

 ## Berlins ungewöhnlichste Bar

Die etwas andere Party-Location ist die Zyankali Bar in Kreuzberg, ein »Institut für Unterhaltungschemie«. Anzugsträger und 08/15-Einrichtung gibt's hier nicht. 20 Biersorten, 100 Cocktails, Absinth – sowohl als Getränk als auch als Bong! Die Dekoration? Alles andere als Standard: Särge, Fledermäuse, Cocktails aus Reagenzgläsern. Und das Highlight: Wem die Luft zu dick wird, der taucht ganz einfach für 15 Minuten unter die Sauerstoffmaske.

Wo	Info	
Großbeerenstraße 64	Wann: Tägl. ab 20 Uhr	Kontakt: 030/251 63 33
10963 Berlin Kreuzberg	Was: Bar, Party-Location	www.zyankali.de

298 Zurück im Museum der Dinge

Auf 500 Quadratmetern gibt's im Museum der Dinge alles rund um Vorkriegszeit, Nazi-Deutschland, Wirtschaftwunderzeit, DDR und Bundesrepublik. Zurück in die eigene Kindheit mit altem Kaffeeservice und der Bahlsenkeksdose. Ein Highlight ist ein originales Exemplar der Frankfurter Küche. Wer will, kann eine Pflegschaft für ein Ding übernehmen und es im Gegenzug für eine kleine Spende jederzeit besuchen.

Wo
Oranienstraße 25
10999 Berlin Kreuzberg

Info
Wann: Mo/Fr/Sa/So 12–19 Uhr,
Di–Do geschlossen
Wie viel: 4,00 €, ermäßigt 2,00 €

Kontakt: 030/92 10 63-11
www.museumderdinge.de

299 Von Wedding um die ganze Welt

Wer schon immer mal wissen wollte, wie es ist, Pilot zu sein, ist beim Flugsimulator Berlin genau richtig. Hier gibt es die Möglichkeit, selbst eine Boeing 737-700 zu fliegen und mal eben nach New York, London oder auf die Malediven zu jetten. Die Flugroute kann selbst bestimmt werden. Es gibt eine Auswahl von über 24 000 Flughäfen. In einer Stunde um die ganze Welt: Wer will, kann auch einen kompletten Tag den Traumberuf Pilot austesten.

Wo
Luxemburger Straße 20
13353 Berlin Wedding

Info
Was: Flugsimulation
Wie viel: 1 Std. (inkl. 15 Min. Briefing) ab 159,00 €

Kontakt: 030/45 02 84 06
www.flugsimulator-berlin.de

Party-Tram M10

300

Der bekannteste Nachtschwärmerexpress Berlins ist die Straßenbahnlinie M10. Ab 21 Uhr ist hier alles unterwegs, was sich im Nachtleben rumtreibt: spanische Touristen, Austauschstudenten, stylische Prenzlauer-Berg-Tanten mit Riesenbrillen, Hip-Hopper, die sich mit Beatboxen und Freestylen was dazu verdienen. Mit insgesamt 20 Stationen verbindet sie die angesagten Party-Orte mitten durch Friedrichshain, Prenzlauer Berg und Wedding.

Wo	**Info**	
Warschauer Straße 10245 Berlin Friedrichshain	Strecke: S- und U-Bahnhof Warschauer Straße bis S-Bahnhof Nordbahnhof	Wie viel: 2,30 € Kontakt: 030/194 49 www.bvg.de

Im Jazzkeller: Quasimodo

301

Das Quasimodo in Charlottenburg hat nichts mit dem Glöckner von Notre Dame zu tun. Die Rede ist vom originellsten Jazzclub Berlins – stilecht im dunklen Keller und mit Fotos von Don Cherry und Chet Baker an den Wänden, die hier auch schon auf der Bühne standen. Neben klassischem Jazz wird auch Funk, Soul, Latin, Blues und Rock gespielt – u. a. schon mal von Größen wie Allanah Myles. Einfach im Programm des Quasimodo nachsehen.

Wo	**Info**	
Kantstraße 12A 10623 Berlin Charlottenburg	Wann: Einlass ab 21 Uhr, Café/Konzertkasse Mo–Fr ab 15.30 Uhr, Sa/So ab 13 Uhr	Kontakt: 030/31 80 45 60 www.quasimodo.de

302 Berlin lacht!

Einfach so. Auf der Straße. Genauer gesagt am Alexanderplatz beim elf Tage langen internationalen Straßentheaterfestival. Kleinkünstler, Musiker und Comedians aus aller Welt zeigen auf den kleinen Bühnen, was sie drauf haben. Von kleinen Zaubertricks über den klassischen Sketch bis hin zum Feuerspucken ist viel Spannendes und Kurioses dabei! Das Beste: Der Spaß ist kostenlos – und lohnt sich!

Wo	Info	
Alexanderplatz 10178 Berlin Mitte	Wann: Im Sommer (Juli–Aug.), 11 Tage, tägl. 11–22 Uhr	Kontakt: 030/69 20 42 28-1 http://berlin-lacht.com/

303 Restposten aus London

Ein super Tipp für alle Frauen! Tolle Mode direkt aus London zum absoluten Spitzenpreis von zwei bis maximal 15 Euro – ein echtes Shopping-Paradies auf über 500 Quadratmetern. Schmuck, Gürtel, Taschen, Hosen, Oberteile und vieles mehr – und das nicht von der Stange! Warum also zum Shopping extra nach London fliegen? Das alles findet man auch am Kottbusser Damm in Kreuzberg.

Wo	Info	
Kottbusser Damm 90 10967 Berlin Kreuzberg	Wann: Mo–Sa 9–20 Uhr Wie viel: 2,00–15,00 € pro Artikel	www.restposten-aus-london.de

304 Ab ins Schwapp in Fürstenwalde

Das Schwapp in Fürstenwalde ist mehr als eine Schwimmhalle. Neben dem Spaßbad mit jeder Menge Rutschen in jeder Form und Farbe, mit oder ohne Reifen, bergauf und -ab, kurz oder lang gibt es Aqua Fitness, Mitternachtssauna, Indoor Drachenbootrennen und die Möglichkeit, sein Schwimmabzeichen zu machen. Einmal im Monat gibt's übrigens das Sauna-Duo: Einer zahlt, der Zweite darf gratis mit.

Wo	Info	
Große Freizeit 1 15517 Fürstenwalde/Spree LOS–Oder-Spree	Wann: Mo–Do/So 10–20 Uhr, Fr/Sa 10–23 Uhr	Kontakt: 03361/363 70 www.schwapp.de

Schock im Gruselkabinett

Thomas aus Wilmersdorf (Hörertipp): »Wenn Frauen schreiend durch die Gegend rennen und selbst dem starken Geschlecht das Blut in den Adern gefriert, ist man im Gruselkabinett in Kreuzberg! Hier gibt's auf drei Etagen mittelalterliche Medizin (Beinamputationen, Lendenoperationen …), jede Menge Scheintote und im Untergeschoss einen dunklen Bunker, wo man jederzeit damit rechnen muss, den Schock seines Lebens zu bekommen!«

Wo
Schöneberger Straße 23
10963 Berlin Kreuzberg

Info
Wann: Mo 10–15 Uhr, Di/Do/
Fr/So/Feiertag 10–19 Uhr,
Sa 12–20 Uhr, Mi geschlossen

Wie viel: 8,50 €, Kinder (bis 14
J.) 5,50 €/(bis 18 J.) 6,50 €
www.gruselkabinett-berlin.de

Jacks Fun World

Jacks Fun World ist ein echter Traum für jedes Kind. Auf 4000 Quadratmetern kann man auf Trampolins und in Hüpfburgen hüpfen, mit der Kinder-Eisenbahn oder auf Berlins längster Indoor-Seilbahn (100 Meter!) fahren. Und das Beste: Während sich die Kleinen so richtig austoben, können Mama und Papa gemütlich bei Kaffee und Kuchen im Café entspannen. Tipp: Den Kindergeburtstag unbedingt mal hier feiern!

Wo
Miraustraße 38
13509 Berlin Reinickendorf

Info
Wann: Di–Fr 14–19 Uhr,
Sa/So/ Feiertag 10–19 Uhr

Kontakt: 030/41 90 02 42
www.jacks-fun-world.de

307 Im Sonnenblumen-Labyrinth

Auf einem Feld nahe dem Betriebs-
bahnhof Rummelsburg wachsen an
die 100 000 Sonneblumen in die Höhe.
Ab Mai werden sie gehegt und ge-
pflegt, um zur Eröffnungsfeier groß
genug für ein Labyrinth zu sein. San-
dra, 19, Treptow: » Ich war letztes Jahr
zum ersten Mal dort. Nicht nur, weil
Sonnenblumen meine Lieblingsblu-
men sind, war es super! Es ist auch gut,
dass mit diesem Projekt gemeinnüt-
zige Aktionen unterstützt werden.«

Wo	**Info**	
Fischerstraße	Wann: Ab dem Sommer	Kontakt: 030/54 71 87 90
10317 Berlin Lichtenberg	Wie viel: Kostenlos	www.stadtbildagentur.de

308 Plastinarium Guben

Konservierte Menschen und Tiere in
allen Einzelheiten – das gibt's im Plas-
tinarium in Guben auf 3000 Quadratmetern zu sehen. Obwohl Inhaber
Gunther von Hagens mit einigen seiner Plastinate oft auf Tour geht, lohnt
es sich, vorbeizuschauen. Denn hier
werden die Ausstellungsstücke vorbe-
reitet. Für die Tour sollte man zwei
Stunden einplanen. Wer möchte, kann
in einem Kurs die aufwendigen Kon-
servierungsschritte erlernen.

Wo	**Info**	
Alte Poststraße 26	Wann: Fr/Sa/So 10–18 Uhr	10,00 €
03172 Guben	(letzter Einlass 16 Uhr)	Kontakt: 03561/547 40
	Wie viel: 12,00 €, ermäßigt	www.plastinarium.de

Die Espressonisten Potsdam

Bei den Espressonisten gibt es den besten Kaffee in Potsdam. Neben einer gelungenen Kaffeemischung ist die tolle Crema ein Muss für alle Kaffeefans. Wer will, kann selbst zum Espressionist werden, und nimmt einfach an einem Barista-Kurs teil. Die eigene Maschine mit zum Workshop bringen (wer keine hat, kann eine der Maschinen im Laden benutzen). Super Idee, um nach einem langen Stadtbummel wieder Energie zu tanken.

Wo	**Info**	
Gutenbergstraße 27 14467 Potsdam	Wann: Mo–Fr 10–18 Uhr, Sa 10–16 Uhr	Kontakt: 0331/231 64 09 www.espressonisten.de

Kochhaus Schöneberg

Das Kochhaus in Schöneberg ist ein großes, begehbares Kochbuch. Zum Rezept der Wahl bekommt man genau die Mengen an Zutaten, die man dafür braucht. Salate, Suppen, Pasta-, Fisch- und Fleischgerichte – hier gibt es für jeden Anlass und jeden Geschmack das Richtige. An den Rezepttischen hängen große farbige Tafeln, die zeigen, was benötigt wird. Und jeder bekommt eine Schritt-für-Schritt-Kochanleitung in Bildern mit nach Hause.

Wo	**Info**	
Akazienstraße 1 10823 Berlin Schöneberg	Wann: Mo–Fr 10–21 Uhr, Sa 9–21 Uhr	Kontakt: 030/577 08 91 00 www.kochhaus.de

311 Foto-Shooting im Madame Tussauds

Madonna, Michael Jackson und sogar unsere Bundeskanzlerin kann man unter den Linden besuchen. Ihre täuschend echten Wachskopien laufen garantiert nicht weg und lassen sich sogar gerne fotografieren. Wer sein nächstes Dinner mit George Clooney verbringen will (ungestört!), bucht einfach ein privates Treffen mit ihm. So nah war man seinem Star noch nie, also nichts wie los zu Lopez, Kahn und Co.

Wo	Info	
Unter den Linden 74 10117 Berlin Mitte	Wann: Tägl. 10–19 Uhr (letzter Einlass 18 Uhr) Wie viel: 19,90 €, Kinder 15,90 €	Kontakt: 0180/554 58 00 www.madametussauds.com/Berlin/

312 Salsa im Havanna Club

Wer schon immer mal Salsa tanzen wollte, es aber (noch) nicht kann, geht am besten in den Havanna Club. Hier bekommt man vor dem großen Auftritt einen Tanzkurs. Echte Profis zeigen, wie es richtig geht. Den Kurs gibt es für Anfänger ebenso wie für Fortgeschrittene, am besten als Paar – aber gerne auch als Single. Hier tanzt keiner alleine. Und nach dem Kurs mischt man sich dann unters restliche Party-Volk.

Wo	Info	
Hauptstraße 30 10827 Berlin Schöneberg	Wann: Tanzkurs Mi 20–21 Uhr, Fr /Sa 21–22 Uhr; Club Mi ab 21 Uhr, Fr/Sa ab 22 Uhr	Wie viel: Tanzkurs 4,50 € www.havanna-berlin.de

Promi-Schau im Cookies

Wer hier am Türsteher vorbeikommt, der darf mit der High Society Berlins mitfeiern. Denn: Das Cookies ist einer der angesagtesten Clubs Berlins (hoher Promi-Faktor garantiert!). Jude Law, Nicolas Cage oder Halle Berry waren auch schon hier. Allerdings muss sollte man eine Nacht durchmachen können. Denn wer nur am Wochenende tanzen geht, wird enttäuscht sein. Das Cookies öffnet nur dienstags und donnerstags.

Wo	**Info**	
Unter den Linden 158	Wann: Di/Do 22.30–6 Uhr	Kontakt: 030/27 49 29 40
10117 Berlin Mitte	Was: Berlins Szene-Club	www.cookies.ch

314

Schwarzlicht Minigolf

Berlins Familiensport Nummer eins im Sommer ist Minigolf. Wer auch an kalten Tagen nicht darauf verzichten will, ist beim Schwarzlicht Minigolf im Görlitzer Park richtig! In fünf verschiedenen Räumen spielt man sich direkt durch die Wüste bis ins Weltall. Auf insgesamt 18 Bahnen kann man sich so richtig austoben. Wenn einen dann der Hunger packt, geht man einfach ins Café »Isa Mitz« und bekommt Kaffee und leckeren Kuchen.

Wo	**Info**	
Görlitzer Straße 1	Wann: Mo–Fr 12–22 Uhr,	Kontakt: 030/61 62 19 60
10997 Berlin Friedrichshain	Sa–So 10–22 Uhr	www.indoor-minigolf-berlin.de
	Wie viel: 4,50 €, Kinder 3,50 €	

315 Im Indoor Beach Center Berlin

Karibisches Feeling mitten im Winter gibt's nur im Beach Center. Gemütliche Strandstühle und eine große Bambus-Bar mit leckeren Cocktails laden zum Verweilen ein. Dabei hat man einen tollen Ausblick auf das Herzstück der Anlage: eine fast 2000 Quadratmeter große Beachvolleyball-Fläche mit feinstem weißen Sand, so weit das Auge reicht. Von der Beach-Party bis hin zum Kindergeburtstag ist hier alles möglich.

Wo
Königshorster Straße 11
13439 Berlin Reinickendorf

Info
Was: Beachvolleyball, Party-Fläche, Kindergeburtstag usw.

Kontakt: 030/41 40 88 88
www.beachberlin.de

316 300 Jahre Medizin in Berlin

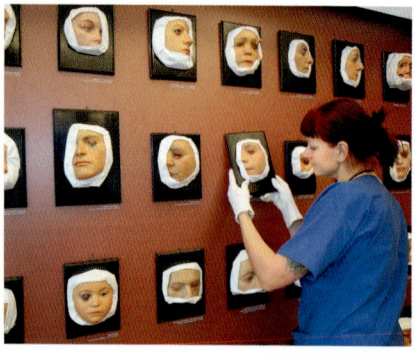

Seit über 300 Jahren behandelt die Charité Berlin nicht nur Patienten, sondern forscht auch, um Krankheiten noch besser heilen zu können. Im medizinhistorischen Museum kann man von der Behandlung der Windpocken über konservierte Raucherlungen bis hin zum Seziersaal des Pathologen alles sehen. Nichts für schwache Nerven: Jeder, der mindestens 16 Jahre alt ist, kann einen Blick ins Innere des menschlichen Körpers wagen.

Wo
Charitéplatz 1
10117 Berlin Mitte

Info
Wann: Di/Do/Fr 10–17 Uhr,
Mi/Sa 10–19 Uhr, So 10–17 Uhr,
Mo geschlossen

Wie viel: 5,00 €, ermäßigt
2,50 €, Familienkarte 10,00 €
www.bmm.charite.de

Pizza bei Westberlins »Bürgermeister« 317

Adnan ist der selbst ernannte Bürgermeister von Westberlin. Sein Restaurant ist jeden Abend gerammelt voll und einer der Plätze in der City West fürs Sehen-und-gesehen-werden. Bundespolitiker, Hollywood-Stars und Wirtschaftsbosse essen hier genauso wie Party-Volk vor dem Start ins Nachtleben. Eines der Highlights auf der Karte: die Pizza. So groß wie ein aufgeklappter Leitz-Ordner, hauchdünn, und garantiert unter 10 Euro.

Wo
Schlüterstraße 33
10629 Berlin Charlottenburg

Info
Wann: Mo–Fr 12–16 Uhr,
Sa 12–24 Uhr
Wie viel: Pizza unter 10,00 €,

Zwei-Gänge-Menü ca. 13,00 €
Kontakt: 030/54 71 05 90

Die Uhr der fließenden Zeit 318

Wie schnell die Zeit verrennt, wird erst deutlich, wenn man sie sehen kann – dank des Franzosen Bernard Gitton, der die Uhr der fließenden Zeit 1982 entworfen hat. Die 13 Meter hohe Uhr steht im Europa-Center am Kurfürstendamm und macht mithilfe des Flüssigstandes in kleinen und großen Glaskugeln die Zeit sichtbar. Eine neongrüne Flüssigkeit, die durch die Glasröhren und Kugeln läuft, erinnert an das Labor eines verrückten Chemikers.

Wo
Styler – Europa-Center
Tauentzienstraße 9–12
10789 Berlin Charlottenburg

Info
Wann: 24 Std. rund um die Uhr
geöffnet

Kontakt: 030/26 49 79 40
www.europa-center-berlin.de

319 Durch die Berliner Unterwelten

Der Berliner Unterwelten e. V. bietet zahlreiche unterschiedliche Führungen durch das unterirdische Berlin, ob unfertige U-Bahn-Stollen, Flaktürme, Wasserversorgung, alte Luftschutzbunker inklusive Schlafräume, OPs und Großküchen. Ein besonderes Highlight ist der sogenannte MuKi-Bunker (Mutter-Kind-Bunker), der im Zweiten Weltkrieg speziell für die Bedürfnisse von Müttern und Kindern ausgerichtet wurde.

Wo
Fichtestraße 6
10967 Berlin Kreuzberg

Info
Wann: Ganzjährig Sa/So 11, 13 und 15 Uhr, Do 16 Uhr

Kontakt: 030/49 91 05 17
www.berliner-unterwelten.de

320 Afterwork im Felix

Nach acht Stunden Arbeit schnell nach Hause, das »Kleine Schwarze« oder coole neue Sacko überziehen, sich etwas aufdonnern, und dann geht's ab ins Felix zum Afterwork Club. Gute Musik, leckere Cocktails, eine durchgestylte Location und viele coole Leute – ein Ambiente, perfekt, um mit den Kollegen oder Freunden den Feierabend zu genießen oder mit den Mädels schon mal das Wochenende anzustimmen.

Wo
Behrenstraße 72
10117 Berlin Mitte

Info
Wann: Mo/Fr/Sa ab 23 Uhr, Do ab 21 Uhr

Kontakt: 030/301 11 71 52
www.felix-clubrestaurant.de

Rendezvous im ältesten Kino

Klar, Multiplexkinos sind toll. Bequeme Sitze, Riesenleinwand, 3-D-Projektoren und Popcorn-Tüten, so groß wie Litfaßsäulen. Ein ganz besonderes Kino-Erlebnis gibt's allerdings im ältesten Kino Berlins, den Tilsiter Lichtspielen in Friedrichshain. Perfekt für erste Dates: über 100 Jahre alt, genau ein Kinosaal und eine kleine Lounge. Hier werden vor allem Independantfilme, Dokus und Filmklassiker aus der ganzen Welt gezeigt.

321

Wo	**Info**	
Richard-Sorge-Straße 25	Wie viel: 4,50 €, Kinderkino	Kontakt: 030/426 81 29
10249 Berlin Friedrichshain	3,00 €	www.tilsiter-lichtspiele.de

 ## Gottesdienst im Berliner Dom

322

Eines der Wahrzeichen Berlins ist der Berliner Dom. Auch wenn ihn sicher jeder Berliner schon mal von außen gesehen hat … die wenigsten waren drinnen. Bei einem Gottesdienst sollte man auf jeden Fall mal dabei sein, auch wenn man nicht gläubig ist. Das Schiff mit dem Blick in die Kuppel, die Sauer-Orgel und die vielen kleinen Details sind einfach überwältigend. Natürlich kann man auch zu einem der Konzerte und Veranstaltungen gehen.

Wo	**Info**	
Berliner Dom	Wann: Mo–Sa 9–20 Uhr,	ermäßigt 3,00 €, Audioguide
Am Lustgarten	So/Feiertag 12–20 Uhr	+ 3,00 €
10178 Berlin Mitte	Wie viel: Besichtigung 5,00 €,	www.berlinerdom.de

323 Seifenoper Live in Wedding

»Gutes Wedding, schlechtes Wedding« ist eine Daily Soap als Theaterstück und läuft seit 2004 im »Prime Time Theater«. GWSW bringt alle drei Wochen eine neue Folge raus und erzählt Geschichten von typischen Berlinern: Dönertaxifahrer, Ex-Stasiagenten, vokuhilatragende Postboten. Im Eingangsbereich stehen Altberliner Sofas, am Tresen gibt's Pils, und die Darsteller kümmern sich im »Prime Time Theater« noch selbst um ihre Gäste.

Wo	**Info**	
Müllerstraße 163	Wann: Tägl. außer Mi	Kontakt: 030/49 90 79 58
13353 Berlin Wedding	Wie viel: 12,00 €, ermäßigt 8,00 €	www.primetimetheater.de

324 Physik im Science Center Spectrum

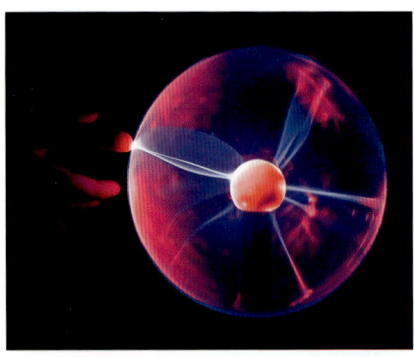

Bitte nicht anfassen! Den Satz kennt man ja aus den meisten Museen. Gilt aber nicht im Spectrum. Da gibt's rund 250 interaktive Experimentierstationen auf vier Etagen – anfassen ausdrücklich erlaubt. Zehn Themengebiete, von Elektrizitätslehre über Mechanik bis hin zum Mikro- und Makrokosmos, animieren die ganze Familie zum Entdecken und Ausprobieren. Besonders empfehlenswert: Experimente zur Spannung; da knallt's richtig!

Wo	**Info**	
Möckernstraße 26	Wann: Mo geschlossen, Di–Fr 9–17.30 Uhr, Sa/So 10–18 Uhr	bis 18 Jahre ab 15 Uhr frei
10963 Berlin Kreuzberg	Wie viel: 4,50 €, ermäßigt 2,50 €,	Kontakt: 030/902 54-284
		www.sdtb.de/Spectrum.4.0.html

Café Kranzler

Eines der bekanntesten Wahrzeichen Berlins ist das »Café Kranzler« am Kurfürstendamm. Man erkennt es sofort an den berühmten rot-weißen Markisen. In nostalgischer Kaffeehausatmosphäre gibt's von der Mocca-Cremetorte über die Erdbeerschnitte bis hin zur Mandarinen-Joghurttorte alles, was das Kalorien-Herz so freut. Abends wird das Café zur Bar, in der man mit leckeren Cocktails oder einem Bier entspannt in den Feierabend kommt.

Wo	**Info**	
Kurfürstendamm 18	Wann: Tägl. 8.30–20 Uhr	Kontakt: 030/887 18 39 25
10719 Berlin Charlottenburg		www.cafekranzler.de

 # Entspannung pur: Spreewaldtherme

Der Spreewald ist nicht nur berühmt für seine Gurken, sondern beherbergt im Biosphärenreservat auch den Kurort Burg. Die Spreewaldtherme vereint moderne Architektur mit ländlichem Kurortcharakter. Burg ist ein ursprüngliches Spreewalddorf und bietet mit der Sole, direkt aus den Tiefen des Spreewaldes, äußerst reich mineralisiertes Thermalwasser. Der Aufenthalt ist also wellness- und gesundheitsorientiert.

Wo	**Info**	
Ringchaussee 152	Wann: Tägl. 9–22 Uhr (außer	Wie viel: Tageskarte 23,00 €,
03096 Burg (Spreewald)	24./25.12.), jeden 1. Fr/Monat	Kinder (unter 12 Jahre) 11,50 €)
LDS–Dahme-Spreewald	bis 24 Uhr	www.spreewaldtherme.de

327 Im Lafayette bummeln gehen

Berlins luxuriöse Seite findet man vor allem in der Friedrichstraße. Dort steht seit 15 Jahren auch das teuerste und edelste Kaufhaus der Stadt: das Lafayette! Hier gibt's die neueste und schickste Mode aus Paris, einfach alles, was das Herz trendbewusster Berliner begehrt. Einfach schauen – auch wenn man sich die teuren Designerstücke nicht leisten kann, ist das Lafayette einen Besuch wert.

Wo	Info	
Französische Straße 23 10117 Berlin Mitte	Wann: Mo–Sa 10–20 Uhr, Fr 10–24 Uhr	Kontakt: 030/20 94 80 www.galerieslafayette.de

328 Spielplatz Sherwood Forest

Wilkommen in Sherwood Forest, dem Zuhause von Robin Hood! Ein kleiner Wald mit Märchenfiguren lädt auf diesem Spielplatz zum Träumen ein. Daneben prangt die riesige Burganlage mit Dorf, die Kinder ins Mittelalter versetzt. Über zahlreiche Brücken, Netze, Stege und Seile gelangt man in die Festung. Größere können sich mit BMX-Parcours, Bolzplatz, Tischtennis oder Volleyball die Zeit vertreiben.

Wo	Info	
Knesebeckstraße 78 10623 Berlin Charlottenburg	Wann: Durchgängig geöffnet Was: Gut ausgestatteter Spielplatz für Kinder ab 2 Jahren,	Rodelberg bei Schnee; öffentliche Toilette in der Nähe

329 Mit »Bärentouren« durch Berlin

Echte Berliner (oder die es werden wollen) sollten sich einmal wie ein Touri durch die Heimatstadt kämpfen. Eine besondere Führung gibt's mit Bärentouren. Hier geht es z. B. bei geheimnisvollen Nachtführungen durch's Nikolai-Viertel oder auf der Szenen- und Kneipen-Tour durch viele coole bis urige Berliner Kneipen. So lernt man mal eine andere Seite der Stadt kennen.

Wo	Info	
Nikolaiviertel Propststraße 9 10178 Berlin Mitte	Wann: Tägl., verschiedene Zeiten Wie viel: Ab 12,00 €, ermäßigt	ab 10,00 €, Kinder ab 7,00 € http://baerentouren.de

330 Albrechts Pâtisserie

In der Pâtisserie Albrecht werden die Traditionen der deutschen Konditorei mit der Raffinesse der französischen Pâtisserie kombiniert. Kleine, bunte Törtchen und leckere Tartes werden hier ohne künstliche Zusatzstoffe jeden Tag frisch von Hand hergestellt. Die Auswahl fällt nicht leicht, wenn man in die Vitrine schaut: Tarte au Citron, Cassis Törtchen, Mille Feuilles … und all das auch zum Bestellen und Mitnehmen.

Wo
Rykestraße 39
10405 Berlin Prenzlauer Berg

Info
Wann: Mo–Fr 9–19 Uhr,
Sa/So 10–19 Uhr

Kontakt: 030/44 01 72 73
www.albrechts-patisserie.de

331 Die Wohlfühler

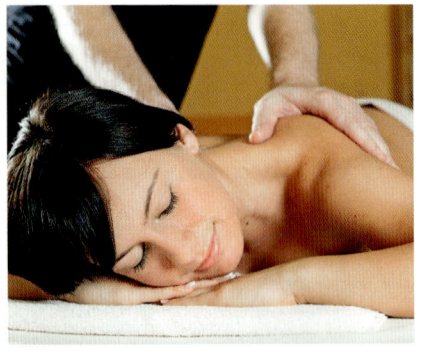

An diesem Ort der Ruhe und Entspannung vereint ein erfahrenes Team Wellness und ganzheitliche Therapie. Carla, 43, Pankow, fühlt sich hier wohl: »Mir gefällt besonders, dass auf der Website das komplette Personal aufgeführt wird, inklusive der Massagearten die derjenige anbietet. So kann man schon vorher auswählen, welche Behandlung man haben möchte und bei wem. Sehr zu empfehlen sind die Mittagsmassagen.«

Wo
Kollwitzstraße 75
10435 Berlin Prenzlauer Berg

Info
Was: Angebote/Kurse zu den Themen Schönheit, Gesundheit und Bewegung

Kontakt: 030/40 30 13 34
www.diewohlfuehler.de

🍴 Futtern in der EsSBahn

Zwei original erhaltene S-Bahn-Waggons geben dem Restaurant EsSBahn Berlin seinen Namen. Doch innen bekommt man erst so richtig Geschmack an den Öffentlichen, denn die Auswahl ist riesig! XXL-Burger und Schnitzel, Pfännchen-Essen und tolle Frühstückbuffets gehören zu den beliebten Gaumenfreuden. Diese ungewöhnliche Location ist einfach perfekt für Betriebs- und Weihnachtsfeiern: Zwölf verschiedene Angebote, von Tanztee bis Gänsekeule, stehen zu Auswahl!

Wo	**Info**	
Kaiser-Wilhelm-Straße 31	Wann: Tägl. ab 8 Uhr	Kontakt: 030/84 37 04 41
12247 Berlin Steglitz		

Bier und Tee in Burg am See

Dort, wo der Landwehrkanal eine Kurve zum Flutgraben macht, findet sich dieser etwas andere Biergarten. Diese Mischung aus deutschem Biergarten und türkischem Teegarten hat zwar kein Schweinefleisch im Angebot, dafür kann man hier aber Wasserpfeife rauchen. Mitten im turbulenten Kreuzberg liegt das Burg am See mit einem tollen Blick auf das Wasser und einem angrenzenden Spielplatz.

Wo	**Info**	
Ratiborstraße 14	Wann: Tägl. 10–22 Uhr	Kontakt: 030/69 59 80 60
10999 Berlin Kreuzberg	Was: Bier- und Teegarten	www.burg-am-see.de

334 Den XXL-Faktor kennenlernen!

Bei Wehrmeister, dem Spezialisten für Männermode, gibt es Kleidung in Übergrößen. Die Angestellten nehmen sich hier noch Zeit für den Kunden und beraten ausgiebig. Große Kabinen bieten genug Platz zum Umziehen. Und auch Schuhe und Nachtwäsche gibt es im Sortiment. Für sehr lange Kunden gibt es selbstredend auch eine Abteilung. Und sogar Gürtel, Strümpfe und eine große Auswahl an modischen Kleidungsstücken sind zu finden.

Wo	Info	
Wehrmeister Moden Karl-Liebknecht-Straße 11 10178 Berlin Mitte	Was: Größen von 60–70, xxl–xxxxxxxxl	Kontakt: 030/28 59 97 04 www.wehrmeister-moden.de

335 Stars For Free

17 000 Menschen, die alle das gleiche Ziel haben: feiern, Spaß haben und mit der Menge toben – und dabei große Stars live erleben! Das ist Stars For Free!! Die ungezwungene Athmosphäre wird am Schluss mit einem riesen Feuerwerk gekrönt. Willst du also eine lange Party mit Abwechslung, guter Laune, toller Musik und Unterhaltung durch die Crew von 104.6 RTL, brauchst du nur ein bisschen Glück! Tickets gibt's nämlich nur zu gewinnen.

Wo	Info	
An der Wuhlheide Berlin Treptow	Wann: Einlass 13 Uhr, Beginn 15 Uhr	Kontakt: 030/88 48 40 www.104.6RTL.com

Sich im Blush entkleiden!

Wenn die einzige verfügbare Alternative bedeutet, lieber nichts anzuziehen, ist es Zeit für Blush. Dieser Laden schreibt sich eine Kampagne gegen Nacktheit auf die Fahnen und kreiert Alternativen zu den uniform aussehenden Hauptstadt-Dessous. Wer sich nach individueller, hochwertiger, erwachsener Lingerie gesehnt hat, ist hier richtig. In intimem Ambiente nehmen sich die Verkäuferinnen Zeit und lassen niemanden nackt rausgehen.

Wo
Rosa-Luxemburg-Straße 22
10178 Berlin Mitte

Info
Wann: Mo–Fr 12–20 Uhr,
Sa 12–19 Uhr

Kontakt: 030/28 09 35 80
www.blush-berlin.de

 # Zur Abreibung ins Hamam

Im Keller der alten Schokoladenfabrik liegt das Hamam, Berlins orientalisches Dampfbad – mit alles anderem als Kelleratmosphäre. Baden, Saunen, ein Dampfbad, Massagen, Gesichtsmasken und Ganzkörper-Einseifen, das ist das Wohlfühlprogramm im Sultan Haman. Wenn man ordentlich ins Schwitzen gekommen ist, geht es in den Ruheraum. Der Körper regeneriert und erholt sich vom Alltagsstress. Das ist Balsam für Körper und Seele.

Wo
Bülowstraße 57
10783 Berlin Schöneberg

Info
Wann: Damen Di–Sa 9.30–
23 Uhr, Herren 12–23 Uhr,
Familientag So 12–23 Uhr

Kontakt: 030/21 75 33 75
www.sultanhamam.de

338 Im Pornoladen Kinofilme sehen

Der Name des kleinen Kinos im Herzen von Friedrichshain ist Programm! Nein, Pornos gibt es hier nicht mehr. Aber dafür eine heimelige Atmosphäre wie aus den 70ern. Im winzigen Kinosaal steht ein alter Kachelofen, der an kalten Tagen gemütliche Wärme verstrahlt. Perfekt, um sich gemütlich in seinen Sitz zu kuscheln. Direkt nebenan im dazugehörigen, kinderfreundlichen »Café Intimes« kann man übrigens sonntags lecker brunchen.

Wo
Niederbarnimstraße 15
10247 Berlin Friedrichshain

Info
Wann: Café Intimes: Mo–So
10 Uhr–open end

Kontakt: 030/29 66 46 33
http://intimes-kino-
berlin.kino-zeit.de/

339 Mit dem Schatz in den Tresorraum

Im Hotel de Rome können verliebte Paare Liebes- oder Heiratsbekundungen nicht nur im hauseigenen Restaurant Parioli, sondern auch im Tresorraum der ehemaligen Bank aussprechen. Eine ungewöhnliche Location für einen romantischen Anlass, denn hier wurden vor 20 Jahren Juwelen, Goldbarren und Geldscheine hinter dicken Stahltüren aufbewahrt. Ein 4-Gänge-Candle-Light Dinner mit Champagner unterstreicht diesen Abend.

Wo
Behrenstraße 37
10117 Berlin Mitte

Info
Wann: Tägl. 18–21.30 Uhr
(Reservierung erforderlich)
Kontakt: 030/460 60 90

info.derome@ roccofortecol-
lection.com
www.hotelderome.com

Stöckchen werfen im Grunewald 340

Im Grunewald befindet sich das größte zusammenhängende Hundeauslaufgebiet Berlins. Mitten in diesem schönen Gebiet liegt der Grunewaldsee. An seiner nördlichen Seite ist eine Badestelle für Hunde ausgeschildert. Da können die Vierbeiner nach Herzenslust planschen – im Sommer ein beliebter Treffpunkt für Hundebesitzer und ihre Begleiter. Allerdings muss man auf Reiter, Jogger, Spaziergänger etc. schon etwas Rücksicht nehmen.

Wo	Info	
Grunewald Berlin Charlottenburg	Was: Baden, Joggen, Reiten, Radfahren, Hunde ausführen Strecke: Vom Hundekehlsee	bis zur Südpitze des Schlachtensees; S 7 Grunewald, Busse 115, 129, 186, 210, 249

Bier im Club von Ben Becker 341

2000 gründeten Ben Becker, Sören Röhrs und Dimitri Hegemann die Trompete. Namensgeber ist eine Trompete im Glaskasten, die Besuchern den Weg Richtung Eingang weist. Hier trifft man schickes Publikum mittleren Alters. Jeden Abend wird gefeiert, es finden Live-Konzerte, Lesungen, Vernissagen statt. Der absolute Publikumsmagnet ist die Afterwork-Party am Donnerstag – dann wird getanzt, geflirtet und der Barkeeper mixt klassische Cocktails.

Wo	Info	
Lützowplatz 9 10785 Berlin Tiergarten	Wann: Do 19–3 Uhr Was: Club mit Konzerten und Aftershow-Sessions	Kontakt: 030/23 00 47 94, www.trompete-berlin.de

342 Dorthin, wo der Pfeffer wächst

In einer unscheinbaren Seitenstraße liegt das Geschmacks-Paradies Pot and Pepper. Mehr als 200 Gewürze wie Kashmir Curry, Zitronengras, Muskat oder Asant verströmen einen unglaublichen Duft. Eine große Wand voller Gewürzdosen mit Duft- und Probierproben davor regt die Sinne an. Nicht alles kennt man, aber eine gute Beratung ist stets zur Hand. Frisch werden die Waren auch in kleineren Mengen abgefüllt.

Wo	**Info**	
Kieler Straße 9	Wann: Mo–Fr 11–19 Uhr,	Kontakt: 030/81 82 79 83
12163 Berlin Steglitz	Sa. 11–16 Uhr	www.potandpepper.de

343 Zum Friseur von Paris Hilton

Dennis Creuzberg ist Starfriseur und Trendsetter. Ihm gehört ein Privatatelier. Hier stehen perfekter Service und Friseurkunst auf hohem Niveau im Mittelpunkt. Und das alles in einem entspannten Ambiente. Termine werden persönlich vereinbart. Bei Dennis Creuzberg genießt man die ungeteilte Aufmerksamkeit des sehr sympathischen Figaros. Auch Kim Fisher, Desirée Nick und Paris Hilton lassen sich von ihm verwöhnen.

Wo	**Info**	
Wielandstraße 43	Wann: Di/Mi 10–19 Uhr, Do/Fr	Kontakt: 030/81 7 0 97 40
10625 Berlin Mitte	10–20 Uhr, Sa 10–15 Uhr	www.denniscreuzberg.de

Auf den Spuren von Bonnie & Kleid 344

Der unscheinbare Laden wirkt auf den ersten Blick ganz normal. Erst dann bemerkt man, wie außergewöhnlich die liebevoll zusammengesuchten Kleidungsstücke sind. Eine beachtliche Ansammlung aus Kleidern und Petticoats der 20er- und 50er-Jahre hat die Inhaberin Mariko Korican-Pentagram bei Reisen rund um die Welt auf Flohmärkten gefunden. Zum Teil sind sie auch käuflich zu erwerben!

Wo	**Info**	
Gneisenaustraße 9	Wann: Mo–Sa 12–20 Uhr	Kontakt: 030/69 50 96 84
10961 Berlin Kreuzberg	Was: Secondhand-Laden	

 # Der Geschichtenladen! 345

Im Geschichtenladen kann jeder mal Held sein. In welcher Geschichte, kann man sich selber aussuchen. Denn hier gibt es ein ganz besonderes Angebot: Kleine Geschichten werden so präpariert, dass der Protagonist den gewählten Namen des Käufers trägt und Dinge erlebt, die der Käufer vorher bestimmt hat. Ansonsten kann man im Geschichtenladen natürlich auch in »normalen« Büchern schmökern.

Wo	**Info**	
Kollwitzstraße 74	Wann: Di–Fr 13–19 Uhr,	der Öffnungszeiten
10435 Berlin Prenzlauer Berg	Sa 10–19 Uhr; persönl. Bera-	Kontakt: 030/81 61 76 74
	tungstermine auch außerhalb	

 # Singuhr-Hörgalerie 346

Nicht der Ton, sondern der Raum macht die Musik! In der Singuhr-Hörgalerie in Prenzl'Berg gibt's Musik zum Anfassen. Große Bleche machen hier den Ton. Die unterschiedlichen Höhen und Formen der Speicher geben jedem Besucher ein ganz eigenes Klangerlebnis – ein kleiner Schritt nach links, und schon hört sich's anders an. Unser Tipp: Entspannung pur – ideal, um abschalten zu können.

Wo	**Info**	
Belforter Straße	Wann: Mi–So 14–20 Uhr	Kontakt: 030/24 72 44 65
10405 Berlin Prenzlauer Berg	Wie viel: 4,00 €, ermäßigt	www.singuhr.de
	3,00 €	

347 Eigenen Tee herstellen

Im »Teebaukasten« ist man mit über 100 Sorten Tee bestens für die kalte Jahreszeit gewappnet. Aromatisiert oder klassich, hier ist für jeden Geschmack etwas dabei. Und man kann sich auch noch seine eigene Teesorte zusammenstellen. Dafür wählt man einen Basis Tee und mischt ihn mit bis zu drei Extrazutaten aus den Kategorien Früchte, Blüten, Gewürze und Süßes. Fertig ist der Tee mit eigenem Namen – perfekt zum Verschenken!

Wo
Neue Bahnhofstraße 33
10245 Berlin Friedrichshain

Info
Wann: Mo–Fr 10–19: Uhr
Was: Individuelles Teegeschäft

Kontakt: 030/48 48 67 66
www.derteebaukasten.de

348 Spielwut in Friedrichshain

Das Sortiment wird zweimal jährlich mit den besten Neuheiten der Spielemessen erweitert. Über 1100 Gesellschaftsspiele findet man hier. Neben Klassikern wie Monopoly, Scrabble und Mensch-Ärgere-Dich-Nicht finden sich in den Regalen auch ausgefallenere Stücke für Liebhaber. Regelmäßig werden Events rund ums Spielen veranstaltet. Im Laden können die Spiele erworben werden oder zum Spielen ausgeliehen.

Wo
Spielwiese Berlin
Kopernikusstraße 24
10245 Berlin Friedrichshain

Info
Wann: Mo 14–24 Uhr, Di 14–
19 Uhr, Mi Ruhetag, Do/Fr/Sa
14–24 Uhr, So 14–21 Uhr

Was: Spieleladen/Cafe
Kontakt: 030/28 03 40 88
www.spielwiese-berlin.de

Plusminusnull Promille

Von außen verbirgt sich Plusminus-nulls wunderschönes Ambiente. Edles Weiß und Cremetöne sind die vorherrschenden Farben. Die Theke sticht sowohl durch ihre Länge (17 Meter) als auch ihr edles Design ins Auge, genauso wie die stilvolle Muschellounge. Das engagierte Team liest einem buchstäblich die Wünsche von den Augen ab. Es gibt drei günstige Tagescocktails und in der Happy Hour ein Angebot, das jede Entscheidung schwer macht.

Wo	Info	
Grünberger Straße 61 10245 Berlin Friedrichshain	Wann: Mo–So 9 Uhr–open end, Happy Hour 18–20 Uhr Wie viel: Cocktails 4,50 €	(3,50 € ohne Alkohol) Kontakt: 030/21 23 96 24 www.plusminusnull-berlin.de

Vom Pferd gezogen durch Berlin

Berlin bietet verschiedenste Kutschfahrten. Doch wie wäre es, passend zum Hochzeitstag, mit der« Champagner Fahrt«, eine zweistündige Tour durch das »Historische« und »Neue« Berlin? Los geht's am Brandenburger Tor, zu Unter den Linden, durchs Nikolaiviertel, über den Gendarmenmarkt, zum Checkpoint Charlie, über den Potsdamer Platz, vorbei am Regierungsviertel und zurück. Dazu Champagner, für romantische Stunden zu zweit!

Wo	Info	
Pariser Platz 10117 Berlin Charlottenburg	Was: Verschiedene Kutschen-Touren (z. B. Die Kurze, Das historische Berlin usw.)	Kontakt: 030/36 44 01 64 oder 0173/231 34 29 www.berlin-kutschfahrt.de

351 Elvisfrisur gefällig?

Haarspray ist bei Haarpyie Hairdesign auf jeden Fall ein Muss: Denn stachelige Punker-Frisuren und Rock-'n'-Roll Tollen sind hier die Spezialität. Nach eigener Beschreibung kann man alle Stylings, von klassisch-schlicht bis zu leicht abgedrehten Kreationen, bekommen. Farben, die Akzente setzen, und individuelle Schnitte bringen Persönlichkeit auf den Kopf. Und währenddessen liegt Salon-Hund Krümel in der Ecke und schnarcht.

Wo	**Info**	
Torstraße 222	Wann: Di–Fr 11–20 Uhr,	Kontakt: 030/80 61 58 50
10115 Berlin Mitte	Sa 11–18 Uhr	www.haarpyie.com

352 Kerzen selber ziehen

Die Inhaber des »Feuer und Flamme« haben ihre dänischen Urlaubserinnerungen zu einem Geschäft gemacht. In dem gemütlichen kleinen Laden findet man eine große Auswahl an handgefertigten und original dänischen Kerzen sowie viel Zubehör rund um Wachs. Die durchgefärbten Kerzen mit guter Brenndauer beweisen ihre Qualität. Hier kann man schöne Geschenke finden oder selber in der Werkstatt eine Kerze herstellen.

Wo	**Info**	
Chodowieckistraße 2	Wann: Mo–Fr 10–19 Uhr,	Kontakt: 030/44 04 19 73
10405 Berlin Prenzlauer Berg	Sa 10–14 Uhr	www.feuer-flamme-berlin.de

Hier gibt's Männergift!

Es ist schon schwer genug, Männern etwas zu schenken. Aber wo bekommt man etwas, was ihm gefällt, was ihn freut? Was er auch gebrauchen kann? Bei Männergift findet man alles, was ein Männerherz begehrt. Nützliches, Praktisches, Stylisches, Schräges – ganz speziell für Männer. Hochwertig, außergewöhnlich und edel sind Produkte wie Wohnaccessoires, Schreibblöcke, Kochzubehör, Grill- und Rasierutensilien.

Wo	**Info**	
Schönhauser Allee 66	Wann: Mo–Fr 12–18 Uhr,	Kontakt: 030/56 73 92 62
10437 Berlin Prenzlauer Berg	Sa 12–17 Uhr	www.maennergift.de

Matt Damon im Bocca di Bacco

Ein gehobenes Ambiente, eine tolle Lage und ein hoher Promifaktor – das sind die Kennzeichen des italienischen Gourmetrestaurants Bocca di Bacco. Die erlesene Speisekarte zieht die Promis an, z. B. Matt Damon oder Tom Cruise. Dunkles Mobiliar und Kunst an den Wänden sorgen für ein gemütliches Ambiente, in dem nicht nur die VIPs entspannen können. Wer es etwas prominenter mag, ist hier gut aufgehoben!

Wo	**Info**	
Friedrichstraße 167	Wann: Mo–Sa 12–24 Uhr,	Kontakt: 030/20 67 28 28
10117 Berlin Mitte	So 18–24 Uhr	www.boccadibacco.de

355 Sputnik Südstern: Spacige Filme!

Etwas versteckt, im dritten Hinterhof der »Höfe am Südstern«, liegt das kleine, entspannte Arthouse-Kino. Wer es bis in den fünften Stock geschafft hat, wird mit toller Aussicht von einem der Balkone belohnt. Einmalig sind die im Kinosaal 1 befindlichen gemauerten Sitzreihen, wo es zudem Zweisitzer für Pärchen gibt. Hier werden neben vornehmlich älteren Filmen auch andere Veranstaltungen wie »Screenings« oder Konzerte präsentiert.

Wo
Hasenheide 54
10967 Berlin Kreuzberg

Info
Wann: Tägl. 15–24 Uhr
Wie viel: So–Do 5,00 €, Fr/Sa
6,00 €, Kinder 3,50 €

Kontakt: 030/694 11 47
www.sputnik-kino.com

356 Mit der Stretchlimo vor den Club

Wer Freund oder Freundin am legendären Junggesellenabschied besonders überraschen möchte, dem gelingt das sicher mit einer gemieteten Limousine! In dem Moment, in dem die Stretchlimo ankommt, zieht man garantiert alle Blicke auf sich. Denn jeder möchte wissen – wer wohl hinter den getönten Scheiben sitzt. Egal, was am Abend geplant ist. Die Stretchlimo macht jedes Event spektakulärer.

Wo
Reinickendorfer Straße 3
13347 Berlin Wedding

Info
Wann: Reservierung
erforderlich!
Wie viel: Mo/Mi »Limo Day«!

Kontakt: 030/53 67 99 01 oder
0173/206 05 65
www.stretchlimo-berlin.de

Ungestörter Blick über Berlin

Die Neukölln Arcaden sind eigentlich ein Einkaufscenter. Doch etwas gibt es hier, was niemandem in der Hektik auffällt: Auf Etage fünf des Parkdecks hat man einen fantastischen, freien Blick über die Stadt. Der Fernsehturm und das Park Inn werden bei Sonnenuntergang wunderbar angestrahlt. Hier ist es abends wirklich ganz ungestört und niemand verirrt sich hierher, außer den wenigen Leuten, die ihr Auto noch abholen wollen.

Wo	**Info**	
Karl-Marx-Straße 66 12043 Berlin Neukölln	Wann: Mo–So 5–3 Uhr, Kernöffnungszeiten Geschäfte Mo–Sa 10–21 Uhr	Kontakt: 030/627 39 73 mfi.neukoelln@mfi.eu

Frühstücken wie in 1001er Nacht!

Das Freilichtmuseum Domäne Dahlem hat eine besondere Attraktion für Kinder: einen Kinderbauernhof. Mit Traktor-, Kutschenfahrt oder Ponyreiten kann hier auch Geburtstag gefeiert werden. Daneben stehen Töpfern und der Besuch der Imkerei auf dem Plan. Die selbst gebastelten Andenken dürfen mit nach Hause genommen werden! Jeden zweiten Sonntag gibt's im Beduinenzelt ein Märchenfrühstück mit lustigen, spannenden Geschichten.

Wo	**Info**	
Königin-Luise-Straße 49 14195 Berlin Wilmersdorf	Wann: 10–18 Uhr, Di geschlossen Wie viel: 17,00 €	Kontakt: 030/66 63 00-0 www.domaene-dahlem.de

359 Astor Filmlounge

Wer kennt das nicht: Riesen Lust auf Kino, und dann sitzt man beengt, bekommt Rücken- und Knieschmerzen. In der Astor Lounge am Ku'damm gibt es bequeme Sessel mit verstellbarer Lehne, großzügigen Reihenabstand und teilweise Fußhockern, eine Garderobe und einen Begrüßungscocktail an der Bar. Und fürs leibliche Wohl werden Essen und Getränke direkt an den Platz gebracht.

Wo	Info	
Kurfürstendamm 225	Wann: Kassenöffnung tägl. ab	Kontakt: 030/883 85 51
10719 Berlin Charlottenburg	14.30 Uhr	www.berlin.astor-filmlounge.de

360 Unique Music Lounge

Die Unique Music Lounge bietet neben musikalischen Highlights auch exquisite Speisen in stilvoller Atmosphäre. Hier ist alles etwas feiner, die Tische sind eingedeckt und die Küche kocht eurasisch. Den Gast erwartet eine Jazz-Dinner-Location wie in London, Paris, New York. Jeden Tag hört man hier Live-Musik. Besonders beliebt ist der »Jazz Brunch« jeden Sonntag ab 11 Uhr.

Wo	Info	
Kantstraße 17	Wann: Mo–Sa: 10–24 Uhr,	Kontakt: 030/315 18 60
10623 Berlin Charlottenburg	So 11–24 Uhr	info@unique-music-lounge.de

361 Das Klo im Klo aufsuchen

In Berlin gibt's Dinge, die es sonst nirgends gibt. Z. B. die Gaststätte Klo: Erlebnisgastronomie vom Feinsten seit fast 40 Jahren. Zugegeben, das Klo ist nichts für schwache Nerven. Skurrile, unheimliche Gegenstände hängen überall im Raum, der DJ macht freche Sprüche und Bier gibt's aus Urinflaschen. Und das Beste: Im Klo vom Klo steht eine japanische Hightech-Toilette! Muss man besucht haben!

Wo	Info	
Leibnizstraße 57	Wann: Tägl. 19–3 Uhr	wurst ab 2,80 €
10629 Berlin Charlottenburg	Wie viel: Limonaden/Säfte:	www.klo.de
	3,10 €, Bier ab 3,30 €, Curry-	

Zauberkraft beim Schlüpferkauf 362

Wer den kleinen Laden mit dem verheißungsvollen Namen Superschlüpfer als Paar betritt, wird erst mal aufgeteilt. Denn hier hängen Männerschlüpfer auf der einen, Frauendessous auf der anderen Seite. Neben wild gemusterten Höschen für Mutige gibt's auch klassischere Modelle, die dem Körper schmeicheln. Dabei bleiben die Stücke aber immer tragbar und modisch. Was hier in den Einkaufstüten landet, hat garantiert nicht jeder drunter!

Wo
Superschlüpfer
Wühlischstraße 25
10245 Berlin Friedrichshain

Info
Wann: Mo–Fr 11–20 Uhr,
Sa 11–18 Uhr

Kontakt: 030/83 03 01 52
www.superschluepfer.de

Schrottplatz: Autos zertrümmern 363

Alle Menschen sind irgendwann mal aus irgendeinem Grund wütend. Und haben dann eines gemeinsam: angestauten Frust. Gegen den sollte man ankämpfen. Mit Boxen? Joggen? Oder auf bessere Tage hoffen? Eine ungewöhnliche, aber wirklich hilfreiche Lösung bietet der Schrottplatz. Hier stehen zahlreiche Autos rum, die darauf warten, zertrümmert zu werden. Also los geht's. Auto schnappen und allen Frust rauslassen.

Wo
Fredersdorfer Straße 10
10243 Berlin Friedrichshain

Info
Wann: Anmeldung
erforderlich!

Kontakt: 030/50 15 93 15
www.auto-zertruemmern.de

364 Nachts beim Kuchen Kaiser

Jeden Tag gibt es im legendären Kuchen Kaiser eine Auswahl frischer Kuchen. Warmer Apfelstrudel und leckere Schwarzwälder Kirsch Torte … Kuchen bekommt man hier zu jeder Tages- und Nachtzeit aus der eigenen Backstube. Am besten sitzt man in der ehemaligen königlichen Hofkonditorei draußen, doch diese Plätze sind immer sehr begehrt. Es gibt auch leckere Burger und andere warme Gerichte. Eine richtige Kreuzberger Institution!

Wo
Oranienplatz 11
10999 Berlin Kreuzberg

Info
Wann: Mo–So 9 Uhr–open end, Küche werktags 9–24 Uhr, Wochenende 9–1 Uhr

Kontakt: 030/61 40 20 05
www.kuchenkaiser.de

365 Panzerfahren

Hier wird garantiert jeder Mann wieder zum Kind: In der Panzer-Fun-Fahrschule Heyse im Brandenburgischen Steinhöfel! In einem der 13 Panzer geht es als Beifahrer über Stock und Stein, durch Schlamm und Pfützen! Und die etwas Mutigeren können sogar selbst das Steuer übernehmen! Die Fahrschule ist übrigens weit über die Grenzen Brandenburgs bekannt: Die Besucher kommen aus Frankreich, den USA oder Japan!

Wo
Schönfelde
15518 Steinhöfel
LOS–Oder-Spree

Info
Wie viel: 10,00 € für Beifahrer, ab 145,00 € für Selbstfahrer

Kontakt: 033637/38 32 89
www.panzerkutscher.de

Register nach Themen

Wochenende